JN023498

長崎 ハウステンボス

すてきな思い出
作りましょ♪

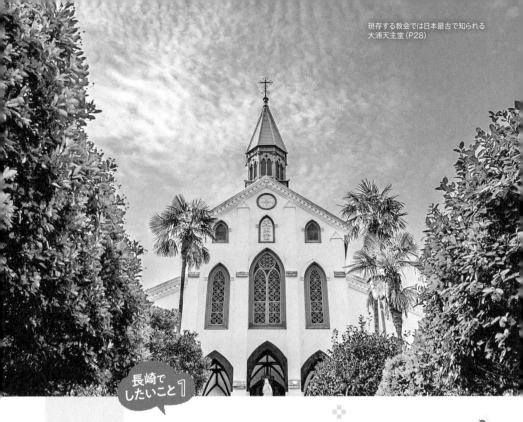

現存する教会では日本最古で知られる
大浦天主堂 (P28)

長崎で
したいこと1

エキゾチックな街を歩こう

石畳が続く坂道の向こうに古い洋館や教会の屋根がのぞきます。
多様な歴史に彩られた街を歩きましょう。

左上：長崎の風景を描いた陶器のマグネット (P73)、
右上：伝統工芸の長崎凧 (ハタ) のおみやげ用ミニ凧 (P49)
左下から：石畳のオランダ坂 (P29) ／風頭公園に立つ坂本龍馬
像 (P47) ／大浦天主堂脇を通る風情ある祈念坂 (P33)

世界文化遺産に登録されている
旧グラバー住宅 (P26)

長崎の旬のフ
ルーツを使った
「フルーツいわ
なが」のパフェ
(P53)

グラバー園の高台にあ
る旧三菱第2ドックハウ
スのバルコニー (P27)

左下から：大浦天主堂の内部 (P28) ／軽く息を吹き込む
と音が鳴る、繊細で美しいガラス玩具「六角ポッペン」
(P72) ／東山手甲十三番館のコーヒーとカステラアイス
(P30) ／冬の風物詩、長崎ランタンフェスティバル (P57)

恒久平和を祈るシンボル、
平和祈念像 (P52)

夜景を楽しむ

ゴンドラに乗って稲佐山から、
山手のグラバー園からも
美しい光の街が望めます。

スロープカーから長崎市全体
を見渡せる（P58）

坂本龍馬ゆかりの料亭
花月で味わう卓袱料理
の一例（P47）

新地中華街で人
気の中華菓子
「唐人巻」（P36）

大人版のお子様ランチと
いわれる長崎名物「トル
コライス」（P64）

和華蘭グルメ

卓袱、中華、洋食、カステラ…、
異国の食文化が混ざりあっています。

冷たいスイーツ、
食べるミルクセ
ーキ（P68）

長崎を訪れたら一度は食べ
たい、名物のちゃんぽん
（左）と皿うどん（P62・63）

上質な時間を過ごせる
ホテルヨーロッパ (P88)

季節の花々が美しいアートガーデン (P83)

1300万球の光が輝く
「光の王国」(P85)

長崎で
したいこと 4

ハウステンボスへ

花と光に包まれたヨーロッパの街並みで
特別な時間を過ごしましょう。

本場のチーズを購入でき
るほか、レストランでも味
わえる (P90)

愛らしいハウステンボスのマ
スコットキャラクター (P87)

長崎で
したいこと 5

かつての炭鉱の繁栄を今に伝える軍艦島 (P76)

軍艦島クルーズ

長崎港から船で約30分、
歴史を伝える産業遺産を訪ねて。

軍艦島の
ドルフィン桟橋
(P77)

長崎ってどんなところ?

西洋・中国・日本文化が混在したエキゾチックな街です

長崎県内の観光地はどこも異国情緒にあふれています。鎖国時代に唯一西洋との窓口だった長崎、佐世保にはヨーロッパの街並みを再現したハウステンボスがあり、その隣の平戸は南蛮文化漂う城下町。雲仙は外国人専用避暑地として愛された温泉地で、島原はキリシタンの歴史を秘めた町です。

異国の薫り漂う長崎の街並み

初めての長崎で外せないのは?

グラバー園と大浦天主堂、ハウステンボスも外せません

まず長崎市内で押さえたいのが、世界文化遺産に登録されたグラバー園（☞P26）と大浦天主堂（☞P28）。日本3大中華街の一つ、新地中華街（☞P36）や、平和公園（☞P52）もマストスポット。せっかく長崎まで来たのならハウステンボス（☞P80）もぜひ訪れてみましょう。

世界文化遺産の旧グラバー住宅があるグラバー園（☞P26）

世界文化遺産に登録された大浦天主堂（☞P28）

長崎を旅する前に知っておきたいこと

美しい自然と、深い歴史に彩られた長崎。
異国情緒あふれる伝統工芸や郷土料理も魅力です。
旅を満喫するために、しっかりと予習しておきましょう。

長崎へどうやって行く？

関東・関西からは飛行機で
中国地方・九州各地からは鉄道で

関東・関西からは飛行機が便利。東京、大阪、神戸、名古屋、沖縄からのフライトがあり、空路の窓口は大村市にある長崎空港となります。中国地方・九州各地からは鉄道で。博多駅から長崎駅まではJR九州「かもめ」で約90分。リーズナブルな旅をしたいなら、高速バスもおすすめです。

大村湾に浮かぶ長崎空港は日本初の海上空港

何泊ぐらいがおすすめ？

長崎＆ハウステンボスで2泊
プラスひと足延ばすなら3泊

長崎市内の観光なら、丸1日あれば路面電車を利用して駆け足でまわることが可能です。長崎市内からハウステンボス（☞P80）までは電車かバスで約1時間半。余裕があればもう1日かけて、雲仙（☞P112）や島原（☞P114）、平戸（☞P96）方面へ足を運んでみるのもいいでしょう。

ヨーロッパのような街並みが広がるハウステンボス（☞P80）

おすすめシーズンはいつ？

花開く春から夏はもちろん
どの季節も魅力満載です

長崎観光はどのシーズンもおすすめです。春や初夏には花咲くグラバー園（☞P26）やハウステンボス（☞P80）、雨が似合う石畳の長崎は梅雨時も情緒満点！夏は九十九島（☞P104）のクルージング、秋は長崎くんち（☞P56）、冬には長崎ランタンフェスティバル（☞P57）のライトアップも楽しめます。

諏訪神社の秋の大祭「長崎くんち」（☞P56）

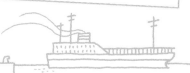

長崎タウンの観光スポットは?

洋館が集まる南山手・東山手、平和公園が定番です

観光の王道はグラバー園（☞P26）や大浦天主堂（☞P28）、新地中華街（☞P36）、出島（☞P38）、眼鏡橋（☞P44）。最近は軍艦島上陸ツアー（☞P76）も人気です。また、被爆地・長崎には平和公園（☞P52）や長崎原爆資料館（☞P52）もあります。街歩きコース「長崎さるく（☞P22）」を利用してまわるのもおすすめ。

グラバー園（☞P26）内にある旧ウォーカー住宅

大浦天主堂（☞P28）のステンドグラス

平和公園内にある平和祈念像（☞P52）

歴史あるホテルを再現したホテルヨーロッパ（☞P88）

ハウステンボスでの過ごし方は?

ヨーロッパの薫りに触れながら大人時間を楽しみましょう

ハウステンボス（☞P80）では季節の花々や日本最大級のイルミネーションとともに、上質なヨーロッパ文化や芸術も楽しめます。ハウステンボス歌劇大劇場（☞P84）で本格的なショーを鑑賞したり、パレス ハウステンボス（☞P84）でバロック式庭園をお散歩したり、楽しみ方は多彩です。

ぜひ味わいたいグルメは？

やっぱりちゃんぽん、皿うどん！
佐世保バーガーもおすすめです

長崎といえば、ちゃんぽん＆皿うどん（☞P62・63）や卓袱料理（☞P60）やトルコライス（☞P64）。佐世保ではハンバーガーやレモンステーキ（☞P100・101）が人気です。島原では具雑煮やかんざらし（☞P115）をぜひ！また長崎は魚の宝庫、新鮮な魚介類や鯨料理が食べられるのも魅力です（☞P66）。

和食ステーキ よひら（☞P61）の昼限定の卓袱風料理

石丸文行堂（☞P73）の長崎タオルハンカチ

長崎雑貨たてまつる（☞P72）のトートバッグ

岩永梅寿軒（☞P70）の上質なカステラ

おみやげは何がいい？

カステラや中華菓子のほか
長崎モチーフの雑貨も人気

長崎みやげといえばやっぱりカステラ（☞P70）。桃の形をした桃カステラも好評です。新地中華街（☞P36）では中華菓子「よりより（唐人巻）」や桃まんじゅうが人気。また、長崎ならではの素材や柄にこだわった小物や雑貨（☞P72）は、自分にはもちろん、友達への贈り物にもおすすめです。

少し変わった体験をするなら？

世界文化遺産に登録された
「軍艦島」に上陸してみましょう

世界文化遺産「明治日本の産業革命遺産」の構成資産の一つにもなっている軍艦島（端島）。昭和30年代に炭坑の島として栄え、閉山後無人島となりましたが、今は廃墟の島として脚光を浴びています。軍艦島上陸ツアー（☞P76）に参加して、日本の近代化のルーツに触れてみましょう。

軍艦島（☞P76）に上陸してみよう

長崎って
こんなところ

グルメ、歴史、自然、温泉と、いろいろな
楽しみがある長崎の魅力をご紹介します。

❖ 王道の6エリアを
押さえましょう

長崎観光の主要エリアは、大きく6つに分け
られます。まずは長崎市中心部の長崎タウン、
そして県北のハウステンボス、佐世保、平戸、
南部には島原、雲仙という2つの温泉地があ
ります。さらに足を延ばすなら、西九州新幹
線の開通によりアクセスしやすくなった、武
雄温泉や佐賀タウンもおすすめ。

❖ 観光の起点は
長崎空港と長崎駅です

長崎空港から各地へバスが運行しており、ハ
ウステンボスまでは連絡船の利用も可能で
す。長崎駅を起点とするなら、佐世保、ハウ
ステンボスまではJR、雲仙・小浜温泉まで
はバスが便利です。島原へはバスまたはJR
と島原鉄道を乗り継いで行きましょう。

❖ 長崎アクセスMAP

平戸 — 西肥バス 約1時間32分
西肥バス約1時間30分 → 長崎空港
佐世保
JR快速シーサイドライナー約25分
西肥バス 約59分
JR快速シーサイドライナー約2時間
ハウステンボス
JR快速シーサイドライナー約1時間30分
長崎タウン
西九州新幹線かもめ約10分
長崎県営バス約1時間41分
諫早
長崎・長崎県営バス約43分～1時間7分
島鉄・長崎県営バス約31～47分
島鉄バス・島原鉄道約2時間15分
島原鉄道急行約55分
島原
島鉄バス約51分～1時間20分
小浜・雲仙

1

ながさきたうん
長崎タウン

▲ 風情ある石畳の坂道
をのんびり散歩しよう

・・・P16

鎖国時代の日本において、西洋に開かれた唯一
の窓口であった長崎。たくさんのみどころが市街
中心部にコンパクトにまとまっています。ひと足
延ばして軍艦島にも上陸してみては？

2

はうすてんぼす
ハウステンボス

▲ ヨーロッパの街並み
でリゾート気分

・・・P79

広大な敷地にヨーロッパの街並みを再現。40万
本の樹木と運河、花々で彩られた日本最大級の
滞在型リゾートです。アミューズメントに美術館、
グルメ、スパと、さまざまな楽しみ方ができます。

3

させぼ
佐世保

▲ 潮風を感じながら九
十九島のクルージング

・・・P100

基地の街・佐世保には、ハンバーガーショップや
外国人バーなど、アメリカンテイスト満載のスポッ
トがたくさんあります。また、美しい九十九島で
はクルーズも楽しめ、豊富な海の幸も絶品です。

生月島
宇久平へ
宇久平へ
五島列島へ
五島列島へ

佐賀県

④
平戸
九十九島
佐世保
③
ハウステンボス
②
長崎県
西彼杵半島
角力灘
長崎タウン
①
長崎半島
軍艦島(端島)

0　　　10km

▲ 雲仙地獄は殉教の地として
の歴史も秘める

うんぜん
雲仙
⑥

・・・P112

日本で最初に国立公園に指定された雲仙は、野鳥や高原植物の宝庫です。明治期に外国人の避暑地として開かれた国際観光地でもあり、湯けむり漂う街に温泉宿が立ち並んでいます。

④
ひらど
平戸

▲ 平戸では西洋貿易の
歴史とロマンに触れよう

・・・P96

日本本土の最西端に位置する城下町。日本最初の西洋貿易港としてイギリスやオランダと交流し、平成23年(2011)に復元されたオランダ商館など歴史を物語る建物や史跡が数多くあります。

⑤
しまばら
島原

▲ 島原城にはキリシタン
関係や郷土の資料を展示

・・・P114

古くから「水の都」とよばれる島原。市内各所に湧水があり、武家屋敷水路、鯉の泳ぐまちなどその数約60カ所。島原城や、城下ならではの風情ある街並みを楽しみましょう。

11

ここから観光！

11:30 ハウステンボス 12:30 13:30 14:00

高さ105m

入場してまず目に飛び込んでくるのは、優雅に流れる運河と風車の風景です。

まずはタワーシティでランチ。イタリアンのピノキオ（☞P83）がオススメ。

シンボルタワー・ドムトールン（☞P83）の展望台からの眺めは必見です。

世界の花々や樹木をコレクションしたアートガーデン（☞P83）をのんびり散策。

14:30 15:30 18:00 20:00

おいし～

オランダの宮殿を再現したパレス ハウステンボス（☞P84）で女王様気分♪

歩き疲れたらハウステンボス歌劇団（☞P84）の本格的なショーを楽しみましょう。

ロード・レーウ（☞P90）で佐世保の名物グルメ「レモンステーキ」を堪能しよう。

一年中、場内のいたるところで豪華なイルミネーションを楽しめます。

おやすみ…

おはよう！

どれにしよう

21:00 場内ホテル **7:30 ハウステンボス** 9:00 10:00

せっかくだから贅沢に、場内最高級のホテルヨーロッパ（☞P88）に宿泊。

森に囲まれたフォレストヴィラ（☞P89）周辺は、早朝の散策にぴったりです。

朝食はホテルヨーロッパ（☞P88）内のレストランで和食や、和洋食のバイキングを。

種類豊富なオリジナルアイテム（☞P86・87）を買って、長崎タウンへ移動。

2泊3日で とっておきの長崎の旅

2泊3日で長崎のおすすめスポットをたっぷり満喫しましょう。
1日目はハウステンボス、2日目・3日目は長崎タウンへ。
余裕があったら佐世保や平戸、雲仙、島原にもGO！

13:00 長崎タウン

まずは新地中華街（☞P36）の中国料理店でランチ。中国雑貨店も並びます。

15:00 グラバー園

花に彩られて9つの洋館が立ち並ぶロマンチックなグラバー園（☞P26）を散策。

16:30 大浦天主堂
（おおうらてんしゅどう）

大浦天主堂（☞P28）へはぜひ！現存する木造ゴシック教会では国内最古です。

18:00 稲佐山

うっとり…

稲佐山（☞P58）からの夜景を楽しみながら、ロマンチックなディナータイムを。

20:00 シティホテル

おやすみ…

夜景がきれい、温泉付きなど個性的なシティホテル（☞P74・75）にチェックイン。

【3日目】 おはよう！

9:00 浦上天主堂
（うらかみてんしゅどう）

爆心地そばにあり原爆で崩壊、のちに再建された浦上天主堂（☞P52）へ。

10:00 平和公園

平和公園（☞P52）や長崎原爆資料館（☞P52）を見学し、平和の尊さを考えましょう。

11:00 出島

かつて西洋との窓口であった出島（☞P38）。2022年には国の史跡に指定され100年が経った。

12:00 卓袱料理
（しっぽくりょうり）

お手軽♪

和洋中の粋を集めた長崎伝統の卓袱料理（☞P60）。ランチならお手頃です。

14:00 寺町

多くの寺院や石橋が独特の景観をつくりだす寺町（☞P48）界隈をのんびり散策。

15:00 オリジナル スイーツ

梅月堂 本店（☞P68）のシースクリームなど、長崎らしいオリジナルスイーツをおやつに。

17:30 長崎空港

到着ー！

搭乗時間までに余裕があるなら、おみやげ選びを楽しみましょう。（☞付録P14・15）

せっかく遠くへ来たんですもの

4日目はひと足延ばしてみませんか？

基地の街・佐世保と九十九島の絶景へ
（くじゅうくしま）

長崎からJR快速で約1時間50分の佐世保（☞P100）にはアメリカンなグルメがたくさん。高台からは九十九島（☞P104）の風景が楽しめます。

地獄めぐりで有名な温泉地・雲仙へ

かつて外国人避暑地として栄えた雲仙（☞P112）へは、長崎からバスで1時間40分ほど。上質な温泉を満喫できる宿（☞P116）で癒やされましょう。

ココミル

長崎 ハウステンボス

Contents

●表紙写真
表)上:大浦天主堂 (P28) /中右から:「中国名菜 京華園」のちゃんぽん(P37)、稲佐山公園展望台からの夜景(P58)、路面電車(P20) /下右から:ハウステンボスチューリップ祭(P80)、「万月堂」の桃カステラ(P71)、「フルーツいわなが」のパフェ(P53)
裏)上:眼鏡橋近くのハートの石垣 (P44) /下右:軍艦島(P76)/下左:長崎くんちの龍踊(P56)、軍艦島(P76)

〈マーク〉
🚌🎯🏛 観光みどころ・寺社
♪♪ プレイスポット
🍴🥢 レストラン・食事処
🍺 居酒屋・BAR
☕ カフェ・喫茶
🛍 みやげ店・ショップ
🏨 宿泊施設
♨ 温泉・立ち寄り湯

〈DATAマーク〉
☎ 電話番号
🏠 住所
¥ 料金
🕐 開館・営業時間
❌ 休み
🚃 交通
Ｐ 駐車場
🛏 室数
MAP 地図位置

旧グラバー住宅は華やかな内装

旧三菱第2ドックハウスは眺望抜群

大浦天主堂内に立つ信徒発見のマリア像

眼鏡橋は現存最古のアーチ型石橋

レトロな雰囲気を楽しめる南蛮茶屋

オランダ坂沿いにある東山手甲十三番館

新地中華街では中国グルメを食べ歩き

吉宗 本店の茶碗蒸しと角煮は伝統の味

長崎タウンで和華蘭さんぽを楽しみましょう

鎖国時代、外国との窓口だった長崎タウンは日本・中国・西洋が混じり合った異国情緒あふれる街です。さまざまな食文化が融合したグルメも独特の味わい。発見がいっぱいの街歩きを満喫しましょう。

原爆犠牲者の霊を慰める平和の泉

出島では鎖国時代の建物や暮らしを再現

長崎タウンの観光エリアと まわり方のコツを予習しましょう

長崎タウンのみどころは市街中心部に集中しています。
効率よくまわって、独特の雰囲気漂う街をたっぷり散策しましょう。

長崎タウンって こんなところ

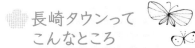

長崎市中心部は四方を海と山に囲まれ、平地はわずかです。観光スポットは、そんなわずかな平地と斜面に点在していますが、いずれも路面電車でまわれる範囲にコンパクトにまとまっています。稲佐山や風頭山、軍艦島など少し離れた場所へは、バスや船の便が頻繁に出ているので安心です。

情報収集はコチラで

長崎市総合観光案内所

2022年9月にリニューアル。従来の観光・宿泊案内、各種チケットの販売に加え、長崎観光を便利に、楽しく過ごすための機能・サービスがさらに充実。

☎直通電話なし　🏠長崎市尾上町1-1　🕗8〜20時　休無休
🚉JR長崎駅構内　Pなし　MAP付録P7A1

街かど観光案内所

街のあちこちで見かける「街かど観光案内所」というステッカー。これが貼ってあるお店では、エリアマップを配布しています。

街かど
観光案内所
TOURIST INFORMATION
辞譜 りやむ　草淵列乱

長崎駅から手ぶらで観光！

JR長崎駅に隣接した長崎街道かもめ市場のヤマト運輸受付カウンターでは、手ぶら観光やショッピングを楽しめるサービスを提供している。当日発送分は17時までの受付。
🕗受付8時30分〜20時

みなみやまて・ひがしやまて

1 南山手・東山手

・・・P24

外国人居留地として整備されたこのエリアは、洋館や教会などエキゾチックな街並みが魅力です。

✎ここをチェック
グラバー園　P26
大浦天主堂　P28
長崎孔子廟　P32

でじま・しんちちゅうかがい

2 出島・新地中華街

・・・P34

江戸時代に世界へ通じる窓口だった出島と、日本3大中華街の一つ、新地中華街。歴史と異国文化にあふれています。

✎ここをチェック
新地中華街　P36
出島　P38
唐人屋敷跡　P41

めがねばし・てらまち

3 眼鏡橋・寺町

・・・P42

中島川に架かる眼鏡橋界隈と、その先、風頭山の山裾にお寺が並ぶ寺町は、ほっとする和みの散策エリアです。

✎ここをチェック
眼鏡橋　P44
興福寺　P48
崇福寺　P48

MrMax
長崎S.C

稲佐山
公園

長崎稲佐山
スロープカー

山頂駅
稲佐岳駅

稲佐山公園
展望台

稲佐山

飽の浦トンネル

外海
へ

長崎タウン早わかり ● 観光エリアとまわり方のコツ

平和公園・浦上 へいわこうえん・うらかみ ④

・・・P50

被爆の中心となったエリア。二度と悲劇を繰り返さないために、歴史を学び、平和の尊さを実感しましょう。

ここをチェック
平和公園 ☞P52
浦上天主堂 ☞P52
長崎原爆資料館 ☞P52

④ **平和公園・浦上**

⑤ **長崎駅周辺**

③ **眼鏡橋・寺町**

ここをチェック
日本二十六聖人殉教地・記念館 ☞P55
聖福寺 ☞P55
長崎歴史文化博物館 ☞P55

長崎駅周辺 ながさきえきしゅうへん ⑤

・・・P55

長崎駅周辺にも歴史ある観光名所があります。行き帰りのちょっとした時間を利用して訪れてみましょう。

② **出島・新地中華街**

① **南山手・東山手**

0 ――― 500m
N

19

長崎タウンの交通手段を
チェックしましょう

長崎タウンの交通の要は、ほとんどの観光スポットをカバーする路面電車。路面電車で行けない場所へは路線バスを活用しましょう。時間に余裕があればレンタサイクルもアリ！

\ 名所巡りに便利な路面電車 /

路面電車

市内中心部を網羅し、そこここに電停(停留所)がある長崎電気軌道の路面電車が便利。①③⑤号系統が5～9分間隔で運行され、運賃は140円均一、ICカードで2電停までの乗車は100円。

路線は4系統

路線は、①赤迫～崇福寺、③赤迫～蛍茶屋、④崇福寺～蛍茶屋(朝と夕方のみ運行)、⑤石橋～蛍茶屋の4系統。東山手・南山手方面へは石橋行きに、平和公園・浦上方面へは赤迫行きに乗ろう。

便利な一日乗車券

路面電車が1日全線乗り放題のお得な一日乗車券は600円。車内での販売はないので、事前に観光案内所やホテル、モバイルチケットなどで購入しておこう。
☎095-845-4111(長崎電気軌道)

乗り方を覚えよう

● 後ろ乗り、前降り、支払いは降車時に

後ろから乗って、前から降りるのが基本。運賃の支払いは、降車時に前扉脇の運賃箱に運賃を入れる。おつりは出ないので、事前に両替機で両替を。一日乗車券は、降りる際に運転士さんに見せよう。

● 交通系ICカードなら4電停で乗り換えOK

NimocaやSuicaなど主要な交通系ICカード利用なら、直行便のない電停間の利用でも乗り換え可能。指定の4電停(新地中華街・市役所・長崎駅前・西浜町)で30分以内に乗り換えた場合、2回目の運賃が無料になる。ただし乗り換え可能な系統(方向)が指定されており、それ以外は乗り換えても割引にならない。

\ 観光にも使える便利な路線バス /

路線バス

長崎市内をすみずみまで走行する路線バス。長崎バスと長崎県営バスがあり、長崎バスは青と赤のライン、長崎県営バスは真っ赤なボディが目印だ。狭い坂道を巧みにすり抜けるドライビングテクニックにも注目！

1日乗車券を活用しよう

長崎バスにも1日乗車券があり、長崎市内の指定利用区間内であれば500円で1日乗り放題。総合観光案内所(長崎駅)やココウォークバスセンター、バス営業所で購入できる。☎095-826-1112(長崎バス総合サービスセンター)

\ レンタサイクルで気ままに長崎旅 /

ROUTEのレンタサイクル

ROUTEでは自転車の貸し出しサービスを提供。電動アシスト車の貸し出しもあるため、坂の多い長崎の街も楽にまわることができる。3つのオススメ自転車コースを紹介した「Ring Ring! MAP」(HP要確認)も参考に。

☎095-895-8965 🏠長崎市西坂町5-14 💴一般車3時間1200円～、電動アシスト車1時間1000円～ 🕐利用9～18時(8・9月は～19時) 🈑不定休 **MAP** 付録P7B1

※改正道路交通法の施行により、2023年4月1日から、自転車に乗るすべての人がヘルメット着用努力義務の対象となっています。ROUTEではヘルメット貸し出しを行っているので、活用して安全な旅を楽しみましょう。

観光エリア

長崎タウン路面電車アクセス早見表

目的地／出発地	長崎駅 最寄りの電停 🚃 長崎駅前	南山手・東山手 P24 最寄りの電停 🚃 大浦天主堂 または石橋	出島・新地中華街 P34 最寄りの電停 🚃 出島 または新地中華街	眼鏡橋・寺町 P42 最寄りの電停 🚃 めがね橋または市役所	平和公園・浦上 P50 最寄りの電停 🚃 平和公園
長崎駅⇒		🚃 長崎駅前 ↓①崇福寺行7分 🚃 新地中華街 ↓⑤石橋行7〜8分 🚃 大浦天主堂 または石橋 徒歩40分	🚃 長崎駅前 ↓①崇福寺行 ↓4〜7分 🚃 出島または 新地中華街 徒歩30分	🚃 長崎駅前 ↓③蛍茶屋行5分 🚃 市役所 徒歩20分	🚃 長崎駅前 ↓①③赤迫行 ↓12分 🚃 平和公園
南山手・東山手⇒	🚃 大浦天主堂 または石橋 ⑤蛍茶屋行 7〜8分 🚃 新地中華街 ↓①赤迫行7分 🚃 長崎駅前 徒歩40分		🚃 大浦天主堂 または石橋 ⑤蛍茶屋行 7〜8分 🚃 新地中華街 徒歩15分	🚃 大浦天主堂 または石橋 ⑤蛍茶屋行 ↓12〜13分 🚃 市役所 徒歩30分	🚃 大浦天主堂 または石橋 ⑤蛍茶屋行 7〜8分 🚃 新地中華街 ↓①赤迫行20分 🚃 平和公園
出島・新地中華街⇒	🚃 出島または 新地中華街 ①赤迫行 4〜7分 🚃 長崎駅前 徒歩30分	🚃 新地中華街 ↓⑤石橋行 7〜8分 🚃 大浦天主堂 または石橋 徒歩15分		🚃 新地中華街 ↓⑤蛍茶屋行8分 🚃 市役所 徒歩20分	🚃 出島または 新地中華街 ①赤迫行 19〜20分 🚃 平和公園
眼鏡橋・寺町⇒	🚃 市役所 ↓③赤迫行5分 🚃 長崎駅前 徒歩20分	🚃 市役所 またはめがね橋 ⑤石橋行 10〜13分 🚃 大浦天主堂 または石橋 徒歩30分	🚃 市役所 またはめがね橋 ⑤石橋行 6〜8分 🚃 新地中華街 徒歩20分		🚃 市役所 ↓③赤迫行17分 🚃 平和公園
平和公園・浦上⇒	🚃 平和公園 ①崇福寺行 または ③蛍茶屋行 12分 🚃 長崎駅前	🚃 平和公園 ↓①崇福寺行20分 🚃 新地中華街 ↓⑤石橋行 7〜8分 🚃 大浦天主堂 または石橋	🚃 平和公園 ①崇福寺行 19〜20分 🚃 出島または 新地中華街	🚃 平和公園 ↓③蛍茶屋行 17分 🚃 市役所	

①〜⑤は路面電車の路線系統番号。所要時間は目安で、道路状況により異なります

路面電車と徒歩で
長崎タウン半日観光に出発！

長崎タウンは路面電車と徒歩でまわれるコンパクトサイズ。
効率よくお得に街歩きを楽しみましょう。

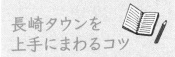

長崎タウンを
上手にまわるコツ

「長崎さるく」を活用！

長崎タウンのまち歩きをメインとしたおすすめ観光コースのこと。地元ガイドと歩けばいろいろな発見があり、長崎のことがもっと好きになる。食事付きや、テーマやエリアで選べる多彩で豊富なコースがポイントで、当日参加できるものもある。詳細は長崎さるくのHPを確認しよう。

☎095-811-0369（長崎国際観光コンベンション協会）
¥中学生以上500円〜（コースにより異なる）
HP https://saruku.nagasaki-visit.or.jp

徒歩に自信がない人は
定期観光バスを

長崎バス観光では、主要な観光スポットを巡る定期観光バスを運行している。スムーズに観光したい人はコチラがおすすめ。
☎095-856-5700（長崎バス観光）

●長崎よかとこコース
長崎駅構内定期観光案内所から出発し、長崎原爆資料館、平和公園、出島、孔子廟、大浦天主堂・グラバー園の順にまわる（毎日10時10分発、所要4時間55分、4290円）。

▲明治期の洋館も保存されている

大浦天主堂

···P28

白い外壁と尖塔が美しい由緒ある教会。歴史に残る「信徒発見」の舞台となった。
▶現存する日本最古の木造ゴシック教会で世界文化遺産に登録された

スタート！

電停長崎駅前

JR長崎駅から電停長崎駅前までは歩いてすぐ。

電停長崎駅前

大浦天主堂
＋路面電車で20分
徒歩10分

徒歩で2分

ゴール！

出島
路面電車で6〜7分

徒歩で7分

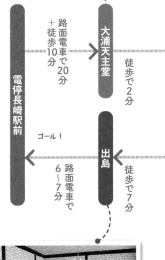

▶当時のオランダ人の暮らしが垣間見える室内

出島

···P38

鎖国時代に唯一、西洋との窓口だった出島。現在、復元整備が進められ、完成した16棟の建物から当時の様子を知ることができる。

◀日本最古の木造洋風建築の旧グラバー住宅

夜景観光タクシーはいかが？
ライトアップされた観光地や夜景をスムーズに巡る「長崎ラッキー自動車グループ」のタクシー観光。夜景観光ベーシックコースは7890円～（75分前後、駐車料金別）。☎095-844-1188

グラバー園

・・・P26

南山手の小高い丘にある園内には、トーマス・グラバーをはじめとする外国人たちの旧邸宅が点在。

▲恋が叶うと評判のハートストーンを探してみよう

四海楼

・・・P62

創業は明治32年(1899)。ちゃんぽん・皿うどん発祥の店として知られる人気店。

▲100年以上も受け継がれる本家の味を堪能しよう

▲南山手にそびえ立つ四海楼。ちゃんぽんミュージアムもある

グラバー園 → 四海楼
徒歩で7分

四海楼 → オランダ坂
徒歩で5分

グラバー園 → 新地中華街
徒歩で8分

オランダ坂

・・・P29

活水女子大学から電停メディカルセンター方面へ抜ける道は、居留地に住む外国人が教会に通うために行き交ったといわれる石畳の坂道。

◀かつては居留地の坂すべてがオランダ坂とよばれた

▶個性的なチャイニーズ雑貨はおみやげに喜ばれそう

新地中華街

・・・P36

小さな十字路にちゃんぽん・皿うどんの店や製麺所などが並ぶチャイナタウン。中国菓子や中国雑貨の店もあって賑やかな雰囲気。

▲角煮まんじゅうや豚まんなど、飲茶のテイクアウトも人気

▲ビードロ専門店もあり、ポッペンがずらりと並ぶ

これしよう！
世界遺産の大浦天主堂を見学

現存する国内最古の木造ゴシック教会。信徒発見の舞台にもなった場所だ（☞P28）

これしよう！
格式ある孔子廟へ福をいただきに

明治26年（1893）に建てられた中国式孔子廟。中国歴代博物館の見学も（☞P32）

これしよう！
まずは定番！グラバー園を散策

かつて南山手・東山手の一帯に点在していた多くの洋館が移築されている（☞P26）

エキゾチックな小物を長崎のおみやげに

南山手・東山手はココにあります！

石畳の坂道やレンガ塀が続く街並み

南山手・東山手
みなみやまて・ひがしやまて

こんなところ

開国に伴って整備された異国情緒あふれるエリア。東山手には旧領事館や教会などが立ち、南山手にはかつての外国人居留地時代の面影を残す洋館が並んでいます。色々な国のエッセンスが交錯するノスタルジックな街並みを、のんびりお散歩しましょう。

路面電車 access

長崎駅前 → 崇福寺行き7分 新地中華街 → 石橋行き4分 路面電車 メディカルセンター → 路面電車2分 大浦海岸通 → 路面電車1分 大浦天主堂 → 路面電車1分 石橋

問合せ ☎095-822-8888（長崎市あじさいコール）

24

～南山手・東山手 はやわかりMAP～

景観にうっとり
オランダ通り
おしゃれな洋館やカフェ、スイーツ店が立ち並び散策にオススメ。

長崎水辺の森公園

電停メディカルセンターへ

国道499号へ

なかがわ田島通路

活水女子大

東山手甲十三番館

オランダ坂 6
（☞P29）

大浦海岸通

常盤桟橋

梅香崎中

5 東山手十二番館
（☞P29）

海星高

東山手

長崎自動車道

長崎IC自動車道

松ヶ枝橋

昭和会病院

大浦天主堂下

大浦天主堂

長崎市旧香港上海銀行
長崎支店記念館
（☞P28）**3**

長崎港

長崎港松が枝・
国際ターミナル

軍艦島デジタルミュージアム

ANAクラウンプラザ
ホテル長崎グラバーヒル

大浦警察署

南山手地区町並み
保存センター

松ヶ枝営業所前

祈りの丘 絵本美術館

妙行寺

東山手「地球館」
・東山手洋風住宅群

4 長崎孔子廟
（☞P32）

長崎税務署

旧羅典神学校

入口

祈念坂

石橋

石橋

税務署前

野母崎へ

2 大浦天主堂
（☞P28）

・長崎市南山手レストハウス

グラバースカイロードで坂道も楽々！
グラバー園最上部からの入園も可能（運行6時～23時30分）。

南山手

観光のヒント
坂の街・長崎を体感
移動は歩きが基本
オランダ坂や祈念坂、グラバー園へ続く坂道など、長崎の観光地でも特に坂道が多いエリア。狭い道や階段も多いため、歩きやすい靴で行動するのがベスト。

1 グラバー園
（☞P26）
入口

グラバースカイロード

上田町

小ヶ倉

0 ─ 100m

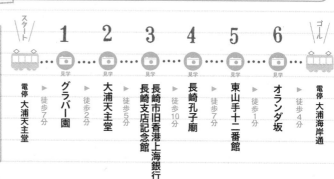

おすすめコースは
4時間

長崎駅から大浦天主堂方面へは路面電車が便利。新地中華街で乗り換えて約12分。nimocaを含む交通系ICカードの利用で2回目の運賃が無料になる。南山手・東山手は徒歩でまわれる。

スタート		1		2		3		4		5		6		ゴール
		見学		見学		見学		見学		見学		見学		
電停 大浦天主堂	▶ 徒歩7分	グラバー園	▶ 徒歩2分	大浦天主堂	▶ 徒歩5分	長崎市旧香港上海銀行長崎支店記念館	▶ 徒歩10分	長崎孔子廟	▶ 徒歩7分	東山手十二番館	▶ 徒歩1分	オランダ坂	▶ 徒歩4分	電停 大浦海岸通

まずは長崎のシンボル グラバー園を散策しましょう

花と洋館の
グラバー園に
ようこそ

英国人実業家のグラバーさんが居を構えたのは、港と街を見渡すビューポイント。季節の花や写真館などお楽しみがいっぱいです。

グラバーさんってどんな人?
英国人実業家で、長崎開港と同時に来日し、日本の近代化に大きく貢献。

居留地時代に建築され、150年以上この地に立ち続けている貴重な建物

きゅうぐらばーじゅうたく
旧グラバー住宅
文久3年(1863)に建てられた日本に現存する最古の木造洋風建築。平成27年(2015)7月、「明治日本の産業革命遺産」の一つとして世界文化遺産に登録 ❻

ぐらばーえん
グラバー園
居留地時代にタイムスリップ!

南山手の高台に、旧グラバー住宅や旧オルト住宅、旧リンガー住宅の3棟に加え、市内に点在していた6棟の洋風建築物を移築復元して公開。花いっぱいの庭園とレトロな洋風建築物、美しい長崎港に臨むバルコニーなどみどころがいっぱい。

☎095-822-8223 **住**長崎市南山手町8-1 **¥**入園620円 **◯**8時〜17時40分(最終入園受付、季節変動あり)**休**無休 **◯**第1ゲートへは電停大浦天主堂から徒歩7分。第2ゲートへは電停石橋から徒歩2分の斜行エレベーター「グラバースカイロード」を利用して5分 **P**なし **MAP**付録P8A3
【長崎駅からのアクセス】
JR長崎駅からすぐの電停長崎駅前から崇福寺行き路面電車で7分、新地中華街で石橋行きに乗り換え5分の大浦天主堂、7分の石橋下車

おすすめルート

① 旧三菱第2ドックハウス(レトロ写真館) → ② 旧ウォーカー住宅 → ③ 旧リンガー住宅 → ④ 旧オルト住宅 → ⑤ 旧自由亭 → ⑥ 旧グラバー住宅

ぐるっとまわって **90分**

現在、耐震工事中のため見学不可

きゅうおるとじゅうたく
旧オルト住宅
イギリス商人のウィリアム・ジョン・オルトの旧宅。春にはモッコウバラが館を覆うように咲き誇る ❹

出口にある
ガーデンショップで
買えます

グラバーハート
ストーンラスク
660円

グラバー園限定小皿
1枚660円

ハート型の敷石を探しましょう

園内の石畳に潜む3つのハートストーンを見つけると、幸せになるとか、恋が叶うなどの噂があるので見つけてみて。ガーデンショップで販売中のハートグッズも人気です。

南山手・東山手 ● グラバー園を散策しましょう

入口・出口
グラバー
スカイロード

第2ゲート
入場券発売所

①旧三菱第2ドックハウス
（レトロ写真館）

④旧オルト住宅　旧スチイル記念学校

旧長崎高商
表門衛所

旧長崎地方裁判所長官舎
歴史の泉
イベント
広場

③旧リンガー住宅

明治時代の
水道共用栓

動く歩道
ハートストーン

三浦環像
プッチーニ像

②旧ウォーカー住宅

レストハウス

⑤旧自由亭

第1ゲート
入場券発売所
エスカレーター

⑥旧グラバー住宅

ハートストーン

出口

展望台

ハートストーン　ガーデンショップ

長崎伝統芸能館

南欧の別荘風

きゅうりんがーじゅうたく
旧リンガー住宅

グラバーと同じく英国人のリンガーの邸宅だったもので、南欧風バンガロー式外壁が素敵な洋館 ③

各部屋で生活の様子を再現している

親日家の面影残る
たたずまい

天気のいい日は
ドレス姿で
園内散策もOK

きゅうみつびしだいにどっくはうす
れとろしゃしんかん
旧三菱第2ドックハウス
（レトロ写真館）

園内の最高所に立つ洋館で、2階バルコニーからの眺望は抜群。写真館としても開放しており、約100着のドレスのなかから好きなものを選び、レンタルができる ①

きゅううぉーかーじゅうたく
旧ウォーカー住宅

大浦天主堂近くに建てられていたものを移築。ロバート・ニール・ウォーカーの次男らが暮らしていた住居 ②

エキゾチックなカフェ

きゅうじゆうてい
旧自由亭

日本人シェフによる西洋料理店の建物を復元移築し、現在は2階を喫茶室として活用している ⑤

自由亭オリジナル
カステラセット
1000円

📖 春から夏にかけてモッコウバラをはじめ、園内には50種類以上のバラが咲き誇ります。

石畳を歩きながら
エキゾチックな教会と洋館巡り

所要時間
90分

外国人居留地だった南山手・東山手は、かつて教会や領事館、洋館が立ち並んでいたエリア。今もその名残をとどめる石畳の道には、遠い昔の異国の風が吹いています。

1

START!

電停大浦
天主堂から
徒歩10分

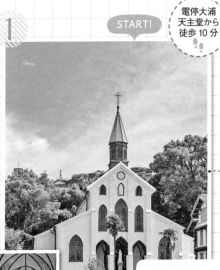

◀ステンドグラスから洩れるやさしい光

世界文化遺産に
登録されました

信徒発見の
舞台!

**信徒発見の
マリア像**
「信徒発見」のときに信徒が目にしたマリア像。堂内右手にある。
※堂内撮影禁止

2

ド・ロ神父が
設計しました

3

長崎で一番大きい
石造りの洋館です

1
おおうらてんしゅどう
大浦天主堂

150年余の歴史を刻む教会堂

日本二十六聖人に捧げられた教会として元治元年（1864）に創建、現存する日本最古の木造ゴシック教会で、国宝に指定。「信徒発見」の舞台でもある。

☎095-823-2628 住長崎市南山手町5-3 ￥拝観1000円 営8時30分～17時30分最終入館(11月1日～2月末日は最終入館17時) 休無休 交電停大浦天主堂から徒歩10分 Pなし MAP付録P8B4

2
きゅうらてんしんがっこう
旧羅典神学校

開国後初の日本人司祭を育成

日本人聖職者育成のためにド・ロ神父が設計・施工し、明治8年（1875）に建てた建物で、大浦天主堂キリシタン博物館として利用されている。

☎095-823-2628（大浦天主堂）住長崎市南山手町5-3 ￥大浦天主堂の入館料に含む 営8時30分～17時30分最終入館(11月1日～2月末日は最終入館17時) 休無休 交電停大浦天主堂から徒歩10分 MAP付録P8B4

3
ながさきしきゅうほんこんしゃんはいぎんこう
ながさきしてんねんかん
長崎市旧香港上海銀行
長崎支店記念館

長崎の貿易の歴史を物語る

明治37年（1904）建築で、国の重要文化財に指定されている石造りの洋館。2階に設けられた最新のグラフィック装置による展示「長崎近代交流史と孫文・梅屋庄吉ミュージアム」を併設。

☎095-827-8746 住長崎市松が枝町4-27 ￥入館300円 営9～17時 休第3月曜（祝日の場合は翌日）交電停大浦天主堂から徒歩3分 Pなし MAP付録P8A3

和洋折衷の7つの
洋館が立っています

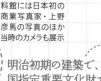

▲古写真・埋蔵資
料館には日本初の
商業写真家・上野
彦馬の写真のほか
当時のカメラも展示

堂々たる建物は必見！

明治期の貴重な洋館、「旧長崎英国
領事館」。現在は工事中ですが、覆屋に
は建物の写真が原寸大でプリントさ
れています。☎095-822-8888（長
崎市あじさいコール）**MAP**付録P8B2

電停メディカル
センターまで
徒歩4分

明治初期の建築で、
国指定重要文化財です

石畳の坂は
洋館がよく似合う

「オランダさん」が
歩いた石畳

━━━ 地図 ━━━

N
100m

電停メディカル
センターへ　旧長崎英国
　　　　　領事館(改修中)　⑥オランダ坂
長崎　　　　　　　　　　　東山手
電気軌道　⑤ホテルモントレ長崎　十二番館
　大浦海岸通
　　　499　　東山手十二番館⑤
松ヶ枝町　　　　　　ラッセル記念館
野母崎へ
　　　③長崎市旧香港上海銀行長崎支店記念館
　　　　　　大浦天主堂　　START
　　　　　　　　東山手洋風住宅群④
軍艦島　　　　　　古写真・埋蔵資料館
デジタルミュージアム　　　　　長崎
ANAクラウンプラザ　　　　　孔子廟・
ホテル長崎グラバーヒル　　　中国歴代
　　　　　　　　　　　　　博物館
　　　　　　　　石橋
　　　①大浦天主堂
グラバー園　　┗キリシタン博物館
旧自由亭　　②旧羅典神学校　♀石橋

---

4 <ruby>東山手洋風住宅群<rt>ひがしやまてようふうじゅうたくぐん</rt></ruby>

狭い土地に立つ質素な洋館群

明治20年代後半ごろに、外国人向け
の賃貸住宅として建てられた洋館7
棟。和洋折衷の造りが特徴で、カフェ
などに活用されている。

☎095-820-0069（東山手地区町並み保存
センター）、095-829-1193（文化観光部 文
化財課）**住**長崎市東山手町6-25 **料**見学無
料 **時**9～17時 **休**月曜（祝日を除く）※棟によっ
て、開館時間、休館日は異なる **交**電停石橋か
ら徒歩5分 **P**なし **MAP**付録P8C3

5 <ruby>東山手十二番館<rt>ひがしやまてじゅうにばんかん</rt></ruby>

ミッション系スクールの歴史を知る

ロシア領事館やアメリカ領事館などに
使用された明治初期の洋風建築で、
国の重要文化財にも指定。現在は、
当時創設されたミッション系スクール
の歴史を紹介する旧居留地私学歴史
資料館となっている。

☎095-827-2422 **住**長崎市東山手町3-7
料入館無料 **時**9～17時 **休**無休 **交**電停メデ
ィカルセンターから徒歩8分 **P**なし **MAP**付
録P8C2

6 <ruby>オランダ坂<rt>おらんだざか</rt></ruby>

洋館の美しさが引き立つ石畳

幕末の開港後から、居留地に住む西
洋人を長崎の人々は「オランダさん」
とよび、彼らが通るすべての坂を「オ
ランダ坂」とよんでいた。主に活水女
子大学の下の坂が有名で、雨に濡れ
た石畳も風情がある。

☎095-822-8888（長崎市あじさいコール）
住長崎市東山手町 **料**見学自由 **交**電停
メディカルセンターから徒歩4分 **P**なし
MAP付録P8B2

南山手・東山手の古い洋館が残る町並みは、国選定重要伝統的建造物保存地区に指定されています。

居留地時代の面影を残す クラシカルな洋館でひと休み

明治時代に建てられ、100年以上もの時を刻む長崎の洋館。今ではカフェや休憩所に利用されている建物もあり、優雅な気分に浸りながらひと休みすることができます。

A 1階のカフェでひと休み B 落ち着いたブルーの外観 C カステラにアイスをサンドしたスイーツと水出しダッチコーヒーの「オランダ坂セット」550円 D 美しいマントルピースも E オランダ坂（☞P29）の途中にある

明治27年（1894）ごろの木造建築

ひがしやまてこうじゅうさんばんかん
東山手甲十三番館

オランダ坂沿いに立つ瀟洒な洋館

旧香港上海銀行長崎支店長のイギリス人などが居住した後、昭和初期から中期にかけてはフランス領事館だった洋館。現在、1階は市民ギャラリーやカフェとして利用されている。

☎095-829-1013 🏠長崎市東山手町3-1 ¥入館無料 🕙10〜17時 🗓月曜（月曜祝日の場合は火曜休）🚋電停メディカルセンター、大浦海岸通から徒歩4分 🅿なし MAP 付録P8B2

ココに注目

瓦屋根に煙突

瓦屋根から煙突が出ている光景は和洋折衷の長崎の洋館の特徴

広いバルコニー

手すりや天井がおしゃれなバルコニー

狭い階段

人が一人通るくらいの階段は洋館では珍しい

旧居留地の街並みを一望

南山手レストハウスの正面にある大浦展望公園からは、旧居留地の東山手を中心に、長崎ならではの風景を眺めることができます。☎095-822-8888（長崎市あじさいコール）**MAP** 付録P8B4

> 明治27年（1894）〜30年（1897）ごろの木造建築

ひがしやまてちきゅうかん かふぇすろー

東山手「地球館」cafe slow

国際交流と地域・観光の新拠点

2022年12月にリニューアル。東山手洋風住宅群（☞P29）の1棟をカフェとして開放し、国際交流や地域の人との交流の場として機能する。カフェメニューでは地元食材の体にやさしい料理を提供している。

☎095-822-7966 🏠長崎市東山手町6-25 🕐11〜16時、金・土曜は17〜20時も営業（cafe提供時間）🚫水曜 🚋電停石橋から徒歩3分 🅿なし **MAP** 付録P8C3

▲国際色豊かで賑やかな雰囲気の店内

長崎県産若鶏のチキンプレート 1200円

長崎居留地パフェ 650円

洋館サイダー 600円

ココに注目

和・洋・中が混在した建築様式

狭い敷地に密集して立つ

🅰日差しが差し込む明るい館内には大きなマントルピースも 🅱長崎の街並みを一望できる 🅲誰でも気軽に入って休憩できる

ココに注目

石造りの外壁は初期居留地建築の特徴の一つ

木柱と石柱を併用した独特の造り

> 元治元年（1864）〜慶応元年（1865）ごろの石造建築

ながさきしみなみやまてれすとはうす

長崎市南山手レストハウス

幕末に建てられたメルヘンチックな洋館

祈念坂（☞P33）を登った見晴らしのよい場所に立つ石造りの洋館。幕末ごろに建てられたと推定され、旧グラバー住宅（☞P26）に次ぐ古い貴重な洋館といわれている。現在は市民や観光客のための休憩所として開放されている。

☎095-829-2896 🏠長崎市南山手町7-5 💴入館無料 🕐9〜17時 🚫無休 🚋電停大浦天主堂から徒歩15分、または電停石橋からグラバースカイロード利用、徒歩5分 🅿なし **MAP** 付録P8B4

長崎に住んだ外国人は、海を眺めながら祖国を懐かしみました。洋館のベランダが海に向かって造られているのはそのためです。

学問の神様を祀る孔子廟で
"福"を招く開運祈願

中国文化の影響を色濃く受けた長崎で、さらに深く中国を感じられる孔子廟。
孔子様の徳にあやかりつつ、カラフルな縁起物も探してみましょう。

ズラリと並ぶ等身大の72
賢人像(孔子の弟子)

儀門
聖廟の正式な内正門(二の門)。昭和初期に台風によって破壊されたが、昭和42年(1967)に再建。元来、中国の廟では神様と皇帝以外通行が禁止されていた門

ながさきこうしびょう
長崎孔子廟

論語で有名な孔子は学問の神様

明治26年(1893)、長崎に住む華僑を中心に、中国人が海外に建立した唯一の孔子廟。招福・魔除けの意味が込められた鮮やかな色彩やダイナミックな彫刻など、高貴な中国建築が目を引く。長崎ランタンフェスティバル(☞P57)のライトアップも必見。故宮の宮廷文物や美術品などを展示する中国歴代博物館を併設。

☎095-824-4022 🏠長崎市大浦町10-36 ¥入館660円 🕘9時30分〜18時(最終入館17時30分) 休無休 🚃電停大浦天主堂から徒歩3分 Ｐバス2台(要予約) MAP付録P8B3

縁起物巡りで
運気上昇、ハッピーに!

大成殿内の孔子像
受験生の参拝も多く、線香かろうそくを買うと、希望者には合格祈願のお札を授けてくれる

祈願の樹
ランタンフェスティバル期間中のみ、前庭の「祈願の樹」に硬貨を投げて願掛けができる。御経硬貨1個100円、お札1枚500円(内容の変更・中止の可能性あり)

魔除け&吉祥
吉祥を表す架空の動物たちが乗った飾り瓦。朱色は魔除けとともに喜びも表現している

南山手・東山手のおすすめスポット

祈りの丘 絵本美術館
いのりのおか えほんびじゅつかん

建物までメルヘンな絵本の館

イギリスの建築様式を取り入れたおしゃれな外観。2階には絵本の原画を展示、1階の童話館では1万冊にも及ぶ世界各国の翻訳絵本や書籍関連グッズを販売している。**DATA** ☎095-828-0716 住長崎市南山手2-10 ￥入館300円（童話館は無料）⏰10時～17時30分 休月曜（祝日の場合は翌日）交電停大浦天主堂から徒歩5分 Pなし **MAP** 付録P8B3

南山手地区 町並み保存センター
みなみやまてちくまちなみほぞんせんたー

ピンクのかわいい洋館でひと休み

淡いピンクの外観が目を引く明治中期ごろの洋館で、英国人ウィルソン・ウォーカーの住宅だったもの。眺望をよくするベランダや大きな窓があり、現在は居留地時代の古写真など歴史資料を展示している。**DATA** ☎095-824-5341 住長崎市南山手町4-33 ￥入館無料 ⏰9～17時 休月曜（祝日を除く）交電停大浦天主堂から徒歩8分 Pなし **MAP** 付録P8A3

長崎市須加五々道美術館
ながさきしすかごごどうびじゅつかん

見ごたえのある新日本画を展示

明治中期に建築され、昔の地番から「南山手乙9番」ともよばれる木造洋館で、長崎出身の画家・須加五々道の作品を展示した美術館。日本の水墨画の技法と西洋美術の遠近法を融合させた「新日本画」という画風が特徴。**DATA** ☎095-820-3328 住長崎市南山手町3-17 ￥入館100円 ⏰9～17時 休月曜（祝日を除く）交電停大浦天主堂から徒歩7分 Pなし **MAP** 付録P8A3

祈念坂
きねんざか

何度も振り返りたくなる風景

長崎市南山手レストハウス（☞P31）から大浦天主堂（☞P28）脇につながる坂道で、長崎らしい風景として映画にも登場。坂の途中にはロバート・ウォーカー邸跡地などもあり、坂の上からは大浦天主堂の尖塔と長崎港が眺められる。**DATA** ☎095-822-8888（長崎市あじさいコール）住長崎市南山手町 ￥休見学自由 交電停大浦天主堂から徒歩5分 Pなし **MAP** 付録P8B4

どんどん坂
どんどんざか

長崎風情を感じる雨のどんどん坂

旧居留地の坂道のなかでも石垣や石畳など、往時の面影が感じられる坂道。道沿いには今も数件の洋館が現存し、CMのロケ地などにもよく利用されている。古い石畳の脇には三角の形をした溝があり、雨が降るとドンドン音をたてて水が流れることが名前の由来。**DATA** ☎095-822-8888（長崎市あじさいコール）住長崎市南山手町 ￥休見学自由 交電停大浦天主堂から徒歩10分 Pなし **MAP** 付録P8A4

長崎南山手プリン
ながさきみなみやまてぷりん

ステンドグラスを表現したプリン

グラバー通りにあるプリン専門店。一番人気の「南山手ステンドグラスプリン」420円は、美しい大浦天主堂のステンドグラスを3種の天然素材を用いて表現。雲仙牛乳や五島産の塩など長崎ならではの素材を使用し、保存料や着色料無使用で体にもやさしい。**DATA** ☎095-895-8886 住長崎市南山手町2-11 ⏰9～18時 休無休 交電停大浦天主堂から徒歩5分 Pなし **MAP** 付録P8B3

紅茶の店 エイトフラッグ
こうちゃのみせ えいとふらっぐ

旧英国領事館裏の紅茶専門店

ブリティッシュスタイルを基調とし、アンティーク家具やバーカウンターのあるシックで優雅な時間が流れる店内。茶葉はもちろん、入れ方にもこだわった紅茶600円～と香ばしく焼き上げた特製のワッフル580円～が人気。**DATA** ☎095-827-8222 住長崎市大浦町5-45 ⏰14～19時 休月・火曜（祝日の場合は必ず営業）交電停大浦海岸通から徒歩2分 Pなし **MAP** 付録P8B2

Museum Café 南山手八番館
みゅーじあむ かふぇ みなみやまてはちばんかん

美術品を鑑賞しながらティータイム

江戸時代に作られた波佐見焼の器で飲む幕末コーヒー800円。2階はオーナー所蔵の絵画や書、工芸品などを展示した美術館（入館500円）。カフェ利用で入館料100円引き。**DATA** ☎095-870-7192 住長崎市南山手町4-3 ⏰10～16時 休毎月1・16日 交電停大浦天主堂から徒歩5分 Pなし **MAP** 付録P8A3

軍艦島デジタルミュージアム
ぐんかんじまでじたるみゅーじあむ

軍艦島にタイムスリップ！

世界遺産「端島炭坑」（軍艦島）を最新のデジタル技術で体感できる施設で、軍艦島を3Dモデルで構築した「軍艦島3D散歩」や軍艦島の最新映像をVRで体感する「軍艦島VR」などが楽しめる。**DATA** ☎095-895-5000 住長崎市松が枝町5-6 ￥入館1800円 ⏰9～17時（最終入館16時30分）休不定休 交電停大浦天主堂から徒歩1分 Pなし **MAP** 付録P8A3

長崎は坂の街。特に南山手・東山手界隈は、石畳の坂道沿いに現役の洋館がすりなく立ちロマンチックです。

これしよう！
新地中華街で
ショッピング

ちゃんぽん・皿うどんもい
いけれど、お気に入りの雑
貨探しも楽しい（☞P36）

中華街はハーブ
ティーの品揃え
も豊富

これしよう！
港周辺から
海を眺めよう

レストランが並ぶ長崎出島
ワーフや長崎水辺の森公
園など、海を望むスポット
へ（☞P40）

これしよう！
出島で鎖国時代の
歴史に触れよう

着々と復元工事が進む出
島。貴重な出土品や再現
された建物を見学できる
（☞P38）

出島・新地中華街は
ココにあります！

異国文化の薫りと歴史が残るエリア

出島・新地中華街

でじま・しんちちゅうかがい

こんなところ

寛永13年（1636）、日本で唯一の
「西洋に開かれた窓」として大き
な役割を果たした出島。一方、新
地には中国船が運んできた貿易
品の倉庫が設けられました。どち
らも多くの異国の人々が行き交
った場所、散策すれば往時の面影
が感じられるはずです。

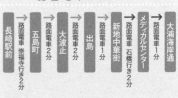

路面電車 access

長崎駅前 →路面電車 崇福寺行き2分→ 五島町 →路面電車2分→ 大波止 →路面電車2分→ 出島 →路面電車1分→ 新地中華街 →路面電車 石橋行き2分→ メディカルセンター →路面電車1分→ 大浦海岸通

問合せ ☎095-822-8888（長崎市あじさいコール）

~出島・新地中華街 はやわかりMAP~

ドラゴンプロムナード

展望デッキから
長崎港を一望!
オレンジ色の球体が目
印のドラゴンプロムナ
ードからは眺望抜群。

観光のヒント
ちゃんぽん&皿うどんの
ボリュームに要注意!
「学生さんをお腹いっぱいに!」と
考案されたちゃんぽん&皿うどん。
それゆえ、1杯でも十分満腹にな
るはず。アレコレと頼みすぎには注
意しよう。

長崎出島ワーフ 2
(☞P40)

1 出島
(☞P38)

長崎県美術館 3
(☞P41)

浜町アーケード

新地中華街

長崎夜景の一つ
光り輝くベイエリア
夜の長崎水辺の森公
園付近はイルミネー
ションでキラキラに。

**水辺の森
ワイナリー
レストラン
オープナーズ 4**
(☞P40)

5 新地中華街
(☞P36)

**メディカル
センター**

長崎水辺の森公園

6 唐人屋敷跡
(☞P41)

0　100m

出島・新地中華街

おすすめコースは
4時間

まずは出島をたっぷり見
学。その後は海辺の長崎県
美術館でアートを楽しもう。
ランチは長崎出島ワーフ、
新地中華街どちらかお好み
で。素朴な唐人屋敷の雰
囲気もゆっくり味わって。

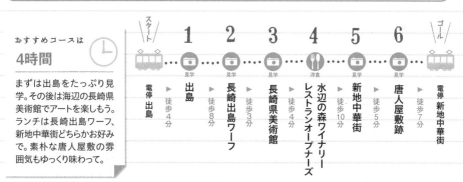

スタート	1	2	3	4	5	6	ゴール
	見学	見学	見学	洋食	見学	見学	
電停 出島	出島	長崎出島ワーフ	長崎県美術館	水辺の森ワイナリーレストランオープナーズ	新地中華街	唐人屋敷跡	電停 新地中華街
	徒歩4分	徒歩8分	徒歩3分	徒歩4分	徒歩10分	徒歩5分	徒歩7分

歴史ある新地中華街で
グルメ＆ショッピング

日本3大中華街の一つ、長崎新地中華街。横浜や神戸に比べると規模が小さいものの、長い歴史が感じられます。グルメはもちろん食材やグッズも豊富です。

一 中国貿易公司 (ちゅうごくぼうえきこんす)

中国の今を感じる雑貨がいっぱい

中国輸入雑貨が所狭しと並ぶ賑やかな店内。チャイナテイストの茶器やお香など普段使いできるグッズも多く、おみやげにもオススメ。

☎095-823-3222 住長崎市新地町10-14 ⏰10〜19時 休無休 交電停新地中華街から徒歩2分 Pなし MAP付録P8C1

獅子像 (ししぞう)
中国料理店の入口では、福を招くという守護神「獅子像」を見ることができます

北門

←思案橋へ

四

茶漉し付マグ **1400円**
茶漉し付きで飲みやすいマグカップ

パンダミニチュア
ティーセット
900円
かわいいパンダのイラスト入り。インテリアにしても大活躍

サテンガマグチ **480円**
柄や色が豊富に揃うキュートな小銭入れ

二 福建 新地店 (ふくけん しんちてん)

自社工場の手作り中華菓子

昔ながらの製法で作られる中華菓子や中国直輸入の食料品を販売。縁起ものの月餅や「よりより」の名で有名な唐人巻など珍しい菓子がいっぱい。

☎095-824-5290 住長崎市新地町10-12 ⏰10〜20時 休無休 交電停新地中華街から徒歩3分 Pなし MAP付録P8C1

蓮華 **1個85円**
キュートなハート型の月餅

月餅 **4個400円**
縁起物の月餅。「財源」は白あん、「招福」は黒あん

唐人巻
5本入り525円
ねじった形がおもしろい小麦粉を揚げたお菓子

長崎新地中華街って？

江戸時代、中国貿易品の倉庫を建てるため海を埋め立ててできた街（新地）が始まり。中華街でよく目にする逆さ福」は、中国に伝わる縁起担ぎの風習。

西門

←出島へ

三 長崎友誼商店 (ながさきゆうぎしょうてん)

点心も中国雑貨も豊富

新地中華街の真ん中に位置する中国雑貨店。オリジナル商品や長崎の特産品のほか、店頭ではゴマ団子1個100円や角煮まん1個400円などの点心を販売。

☎095-823-9137 住長崎市新地町10-9 ⏰10〜19時 休不定休 交電停新地中華街から徒歩3分 Pなし MAP付録P8C1

小籠包
1個100円
中からうま味たっぷりのスープがじゅわり

変面人形 **1500円**
背中のマントを押すと顔が変わる

エビチリまん
400円
エビチリのピリッとした辛さが食欲を刺激

ちゃんぽん950円。具だくさんで、コクのあるスープと麺の絡みがよい

お寺ではなく、薬局です
湊公園前にある立派な釣鐘が目を引く、医薬品や漢方薬を扱う老舗薬局店「つりがね堂薬局」。軒下にある戦闘機のプロペラにもビックリ！
☎095-823-1649　**MAP**付録P8C1

七

四 中国名菜 京華園
ちゅうごくめいさい きょうかえん

伝統の味を守り続けるちゃんぽん

▲中華の名店らしい堂々とした店構え

北門のすぐそばにある老舗。長崎の新鮮な魚介類をふんだんに使いながら、基本に忠実に伝統的な味を守り続けている。

☎095-821-1507　⚘長崎市新地町9-7　🕐11時～14時30分、17時～19時30分　⚫不定休　🚃電停新地中華街から徒歩2分　🅿なし　**MAP**付録P8C1

東門

唐人屋敷跡へ→

五

五 幸瓶2号店
こっぴんにごうてん

見て吹いて楽しむポッペン

長崎伝統のガラス細工「ポッペン（ビードロ）」をバリエーション豊富に販売。切子ガラスなど美しいガラス製品もおみやげに最適。

☎095-822-9799　⚘長崎市新地町12-4　🕐9～21時　⚫無休　🚃電停新地中華街から徒歩3分　🅿なし　**MAP**付録P8C1

デコビー **1個2000円～**
飾ってもかわいいデコレーションされたビードロ

◀アクセサリーやグラスなど、目移りしてしまうほど品揃えが豊富

六

桃まんじゅう **1個100円**
コロンとかわいい桃の形のまんじゅう。しっとりとしたこし餡入り

つりがね堂薬局

七

六 中華菜館 春夏秋冬
ちゅうかさいかん しゅんかしゅうとう

本場中国の点心が味わえる

店前に立つ大きな関羽像が目印の中華料理店。店頭ではテイクアウト用の点心を販売している。食事なら鶏肉の唐辛炒め1280円～などがオススメ。

☎095-895-8999　⚘長崎市新地町11-15　🕐10時～20時30分LO　⚫不定休　🚃電停新地中華街から徒歩3分　🅿なし　**MAP**付録P8C1

タピオカドリンク **300円～**
マンゴー、ミルクティーなどの定番(300円)から、珍しいツバメの巣(500円)ほか全16種類を展開

長崎水辺の森公園へ→

南門

みなとこうえん
湊公園
長崎ランタンフェスティバル（☞P57）のメイン会場となる公園。普段は静かな憩いの場

🛥湊公園

📖 日本の「お月見」にあたる中国3大祭りの一つ、中秋節では、中華街一帯に黄色の満月灯籠が飾られ幻想的な雰囲気に包まれます。

出島で知る
鎖国時代の暮らしと西洋文化

日本が国を閉ざしていた時代、西洋に向けて開かれていた唯一の窓口が
長崎・出島でした。出島に残された西洋文化の足跡をたどります。

西洋文化をいち早く手に入れた長崎

鎖国時代、西洋文化は出島を通って日本各地に伝わりました。
長崎にさまざまな「日本初」が存在するのはそのためです。

扇型の小さな島は西洋文化の発信地

出島は寛永13年（1636）、江戸幕府が鎖国政策の一環として造らせた面積1万5000㎡の扇型の人工島。寛永18年（1641）には平戸からオランダ商館が移転し、カピタン（商館長）やヘトル（商館長次席）、船頭の部屋などが置かれた。出島とオランダとの交流によって多くの西洋文化や芸術、学問がもたらされ、ここから日本各地に広まった。

▲長崎出島之図（長崎大学附属図書館所蔵）。出島商館絵師・川原慶賀が描いたものとされ、出島復元資料の一つとなった

当時

出島から広まった西洋のモノ・コト

ビール、コーヒー、チョコレート
オランダ商館員の嗜好品として渡来。当時のチョコレートは飲み物だったようだ。

ボタン
ボタンは当時、出島にもたらされた高価な輸入品の一つだった。

ピアノ
ドイツ人医師・シーボルトが持参し、商館内で故郷の曲を演奏したといわれている。

ペンキ
オランダ語のペッキ（PEK）からきた言葉。オランダ船に塗られていたことで持ち込まれた。

バドミントン、ビリヤード
出島から出られないオランダ商館員たちは、バドミントンやビリヤードを楽しんだ。

クローバー
（別名：シロツメクサ）
オランダ船でガラスや医療器具を運ぶ際、壊れないように詰められていたクローバーの干し草が出島へ。

国指定史跡「出島和蘭商館跡」
くにしていしせき でじまおらんだしょうかんあと

鎖国時代の貿易の拠点で
往時の繁栄に思いを馳せる

大正11年（1922）に「出島和蘭商館跡」として国指定史跡となった出島。平成に入って復元整備が進められ、現在は復元建造物のほか、出島に関するグッズなどを販売する売店や、旧長崎内外クラブ1階にはレトロな雰囲気のレストラン＆カフェもある。

☎095-821-7200 住長崎市出島町6-1 ¥入場520円 ⏰8〜21時（最終入場20時40分）休無休 交電停出島から徒歩4分 Pなし MAP 付録P7B3

▲『長崎出島之図』を参考に制作された15分の1のジオラマ、ミニ出島もある

現在

整備・復元により
19世紀初頭の姿が蘇る

開港後、その役割を終えた出島は周辺の埋め立て工事により市街地に埋もれてしまったが、世界的にも貴重な史跡であるとして、19世紀初頭の姿に整備・復元が進められている。現在、16棟の建物が復元されており、平成29年(2017)11月には出島表門橋が完成し、当時と同じように橋を渡って出島に入ることができるようになった。

◀明治期の埋め立て工事により扇形の島は姿を消したが、建物は当時のものを復元している

カピタン部屋
かびたんべや
出島で最も大きな建物。住まいと同時にもてなしの部屋でもあったため、ゴージャスな造りが特徴。

旧出島神学校
きゅうでじましんがっこう
現存する日本最古のプロテスタント系神学校の建物。水色の木造の外観が特徴的。

料理部屋
りょうりべや
オランダ商館員たちのための食事を作っていた部屋で、当時の台所用品を展示。ここから西洋の食文化が伝えられた。

筆者蘭人部屋
ひっしゃらんじんべや
オランダ商館員の住居、貿易等を通じて世界各国とつながっていた様子を資料や映像で紹介している。

路面電車　路面電車の往来が多いので交通に注意

大浦海岸通りへ

電停新地中華街へ

旧長崎内外クラブ・
護岸石垣
組頭部屋
銅蔵
十四番蔵
乙名詰所
乙名部屋
カピタン部屋
料理部屋
十六番蔵
ヘトル部屋
電停出島
499
バドミントン
伝来之地の碑
ケンペル・ツュンベリー記念碑
旧石倉（考古館）
筆者蘭人部屋
新石倉（総合案内所）
拝礼筆者蘭人部屋
蘭学館
三番蔵
二番蔵
番蔵（貿易館）
番船頭部屋
西側護岸石垣
水門
出島表門橋料金所
出島シアター
出島表門橋
旧出島神学校
ミニ出島
中島川
案内所
トイレ
売店
出島橋
50m
電停大波止・長崎駅前へ

潮風と波のゆらぎが心地いい
出島のオーシャンビュースポット

長崎港そばに広がる「長崎出島ワーフ」周辺は、付近の観光地からアクセスのよいエリア。眺めのいいカフェやレストランもあります。

ながさきでじまわーふ
長崎出島ワーフ

グルメが魅力!
海辺の複合施設

長崎港を見渡す展望デッキやレストランなどが集まるスポット。海鮮料理や中華料理、イタリアン、カフェなどが揃い、オープンエアのウッドデッキで海を見ながら味わうこともできる。夕刻から深夜1時まではライトアップされてロマンティック。

☎095-828-3939 住長崎市出島町1-1
⏰店舗により異なる 🚃電停出島から徒歩3分
🅿クレインハーバー長崎ビル駐車場利用(店舗利用で割引あり) MAP付録P7A3

♪ おすすめのスポット
2階の海側のサンセットテラスから稲佐山に沈む夕日や港の景観を楽しもう

🕐 おすすめの時間
ライトアップが始まる夕方から夜にかけて

こちらもステキ

ウォーターフロントにあるカフェ&レストラン

デリシャスレストランAtticの「カフェ・カプチーノ」450円

みずべのもりわいなりーれすとらん おーぷなーず
水辺の森ワイナリー レストラン オープナーズ

運河を眺めながらゆるりランチ

よくばりランチセット1200円〜やピザ、パスタの単品メニューなど、多彩なメニューが自慢。ピザは本格石窯で焼き上げており人気。

☎095-811-6222 住長崎市常盤町1-15
⏰11〜15時 休火曜 🚃電停メディカルセンターから徒歩1分 🅿7台 MAP付録P8B1

🍴おすすめの席
運河を望めるテラス席
🕐おすすめの時間
日差しがやさしい午前〜正午

でりしゃすれすとらんあてぃっく
デリシャスレストランAttic

夜景と海を望むロケーション

長崎港を望むテラス席のあるカフェレストラン。バリスタこだわりの豆を使い丁寧に抽出するコク深いコーヒー450円で、海風と夜景を堪能して。デリシャストルコライス1080円（15時以降1320円）もおすすめ。

☎095-820-2366 住長崎市出島町1-1長崎出島ワーフ内 ⏰11〜22時 休水曜 🚃電停出島から徒歩2分 🅿なし MAP付録P7A3

🍴おすすめの席
長崎港を眺めるテラス席
🕐おすすめの時間
夕焼けから夜景に変わる夕方〜夜

ながさきけんびじゅつかん かふぇ
長崎県美術館 カフェ

アートを感じる癒やしのカフェ

運河をまたいで立つ、長崎県美術館内の橋の回廊にあるカフェ。やわらかな光が差し込む空間で、長崎の野菜をたっぷり使ったハムサンドなどを味わい、至福のひとときを過ごせる。

☎095-833-2110 住長崎市出島町2-1
¥入館無料(コレクション展は420円)
⏰11〜16時(フードは15時まで) 休第2・4月曜(祝日の場合は翌日) 🚃電停出島から徒歩3分 🅿有料提携駐車場あり MAP付録P8B1

🍴おすすめの席
ガラス越しに運河を望む席
🕐おすすめの時間
ランチからティータイムまでOK

出島・新地中華街のおすすめスポット

とうじんやしきあと
🏛 唐人屋敷跡

来航した唐人たちの生活区

元禄2年（1689）、密貿易の対策として唐人を収容する唐人屋敷が造られた。練塀の中に数十棟の長屋が立ち並び、2000人以上を収容できる広さだったという。今は屋敷は残っていないが、跡地である館内町には土神堂、天后堂、観音堂、福建会館の4つのお堂が点在し、当時の面影を感じる。**DATA** ☎095-822-8888（長崎市あじさいコール）🏠長崎市館内町 💰見学自由 🚃電停新地中華街から徒歩7分 🅿なし **MAP**付録P7C4

福建会館には天后聖母などが祀られている

土神の石殿建立という唐人の願いが許され建てられた土神堂

ながさきけんびじゅつかん
🏛 長崎県美術館

東洋有数のスペイン美術コレクション

運河を挟んだ2つの棟で構成された開放的な雰囲気の館内には、展示スペースのほかにショップやカフェを併設し、気軽に立ち寄れるスポットにもなっている。ピカソ、ダリなどのスペイン美術や長崎ゆかりの美術品を展示。**DATA** ☎095-833-2110 🏠長崎市出島町2-1 💰入館無料（コレクション展は420円・企画展別途）🕙10～20時 🏠第2・4月曜（祝日の場合は翌日）🚃電停出島から徒歩3分 🅿有料提携駐車場あり **MAP**付録P8B1

ガラス張りのエントランスは外光が心地いい

ゆったりと美術鑑賞を楽しめる館内

かふぇわかばどう ながさきでじまてん
🍽 Caféわかば堂 長崎出島店

出島を眺めながらカフェタイム

窓から国指定史跡出島を一望する絶好のロケーションの中で、のんびりカフェタイムを過ごせる。ランチメニューの煮込みハンバーグと手作りコロッケのセット1210円がお得。**DATA** ☎095-895-8217 🏠長崎市出島町10-3 2階 🕙ランチタイム11～15時、ティータイム15～17時、ディナータイム18時～（要予約コースのみ）🏠月曜（祝日の場合は翌日）🚃電停出島から徒歩3分 🅿なし **MAP**付録P8C1

れっど らんたん
🍽 Red Lantern

海を眺めながら中華に舌鼓

長崎出島ワーフ（☞P40）内にある長崎港と稲佐山を望むロケーション抜群の中華レストラン。地元食材を使った料理は、カジュアルランチからディナーまで幅広く、特に具だくさん海鮮ちゃんぽん1320円はオススメ。**DATA** ☎095-829-0475 🏠長崎市出島町1-1長崎出島ワーフ内 🕙11時30分～13時30分LO、17時30分～20時30分LO 🏠不定休 🚃電停出島から徒歩2分 🅿割引契約駐車場あり **MAP**付録P7A3

じぇらーとしょっぷ いる まーれ
🍦 ジェラートショップ IL MARE

散策途中で冷たいスイーツを

本格イタリアンジェラートショップ。写真はすっきりとした甘さが好評のダブルベリーとマンゴーソルベのダブルサイズ500円。約13種類の味を楽しめる。**DATA** ☎080-2790-9545 🏠長崎市出島町1-1長崎出島ワーフ内 🕙11～21時（変更の場合あり）🏠不定休、雨の日 🚃電停出島から徒歩2分 🅿なし **MAP**付録P7A3

ふたばや
🛍 双葉屋

フルーツ大福が有名な和菓子店

新地中華街にある昭和12年（1937）創業とする和菓子屋さん。イチゴやサクランボ、姫桃、バナナなどフレッシュフルーツを餅で包んだかわいい大福は16種（1個300円～）。すべて手作りで、天然色素のやさしい味わい。地方発送の冷凍便もある。**DATA** ☎0120-07-8581 🏠長崎市新地町8-12 🕙9時30分～18時 🏠月曜（祝日の場合、翌平日）🚃電停新地中華街から徒歩4分 🅿なし **MAP**付録P8C1

さんえいせいめん
🛍 三栄製麺

家庭で手軽にちゃんぽんを

店頭で豪快に袋詰めされる皿うどんの麺やちゃんぽん麺は、昔ながらの味を守り製造販売。麺は市内の中国料理店でも使用されるほど味に定評がある。麺、スープ、具材の入った冷凍ちゃんぽん・冷凍皿うどん各1人前750円は、自宅で手軽に作れるため、おみやげにも人気。**DATA** ☎095-821-6357 🏠長崎市新地町10-12 🕙7～18時 🏠無休 🚃電停新地中華街から徒歩3分 🅿なし **MAP**付録P8C1

📖 出島から新地中華街までは路面電車で1駅分。テクテク歩いて移動するのもオススメです。

これしよう！
長崎市亀山社中記念館で龍馬の足跡をたどる
亀山社中の遺構を当時の姿に近い状態に整備し、一般公開している（☞P47）

これしよう！
歴史ある唐寺興福寺を訪ねよう
日本最古の黄檗宗寺院。朱塗りの山門から「あか寺」ともよばれている（☞P48）

レトロな商店街では民芸品や骨董品も

眼鏡橋・寺町はココにあります！

これしよう！
長崎のシンボル眼鏡橋を渡ろう
現存最古のアーチ型石橋。かつてに思いを馳せながらゆっくり見学を（☞P44）

石造りの橋と風情ある寺院がお出迎え
眼鏡橋・寺町
めがねばし・てらまち

こんなところ

長崎の街を見下ろす風頭山。その中腹に幕末の志士たちが集った亀山社中があり、麓にはお寺や神社が立ち並ぶ寺町通りが続きます。江戸時代、それらのお寺に通うため、数多くの石橋が中島川に架けられました。長崎のシンボル・眼鏡橋もその一つです。

路面電車 access

長崎駅前 →路面電車 蛍茶屋行き2分→ 桜町 →路面電車3分→ 市役所 →路面電車3分→ 諏訪神社 →路面電車1分→ 新大工町 →路面電車1分→ 新中川町 →路面電車1分→ 崇福寺

市役所 →路面電車 崇福寺行き2分→ めがね橋 →路面電車3分→ 観光通 →路面電車1分→ 思案橋 →路面電車1分→ 崇福寺

問合せ ☎095-822-8888（長崎市あじさいコール）

～眼鏡橋・寺町 はやわかりMAP～

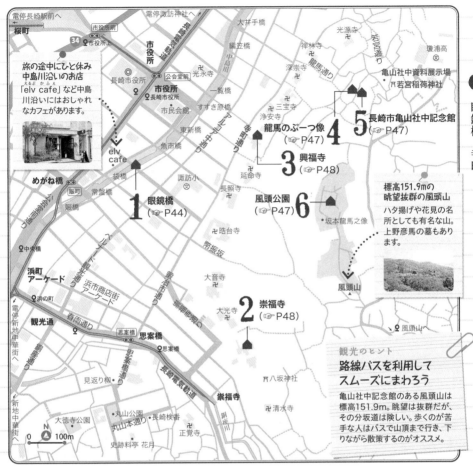

旅の途中にひと休み
中島川沿いのお店
「elv cafe」など中島
川沿いにはおしゃれ
なカフェがあります。

1 眼鏡橋
（☞P44）

2 崇福寺
（☞P48）

3 興福寺
（☞P48）

4 龍馬のぶーつ像
（☞P47）

5 長崎市亀山社中記念館
（☞P47）

6 風頭公園
（☞P47）

標高151.9mの
眺望抜群の風頭山

ハタ揚げや花見の名
所としても有名な山。
上野彦馬の墓もあり
ます。

観光のヒント
**路線バスを利用して
スムーズにまわろう**

亀山社中記念館のある風頭山は
標高151.9m。眺望は抜群だが、
その分坂道は険しい。歩くのが苦
手な人はバスで山頂まで行き、下
りながら散策するのがオススメ。

眼鏡橋・寺町

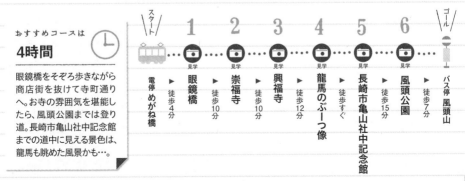

おすすめコースは
4時間

眼鏡橋をそぞろ歩きながら
商店街を抜けて寺町通り
へ。お寺の雰囲気を堪能し
たら、風頭公園までは登り
道。長崎市亀山社中記念館
までの道中に見える景色は、
龍馬も眺めた風景かも…。

スタート

電停
めがね橋

▶ 徒歩
4分

1 見学
眼鏡橋

▶ 徒歩
10分

2 見学
崇福寺

▶ 徒歩
10分

3 見学
興福寺

▶ 徒歩
12分

4 見学
龍馬のぶーつ像

▶ 徒歩
すぐ

5 見学
長崎市亀山社中記念館

▶ 徒歩
15分

6 見学
風頭公園

▶ 徒歩
7分

ゴール

バス停
風頭山

下町風情を楽しみながら 眼鏡橋界隈をおさんぽしましょ

のんびり歩いて 約2時間

風情ある石橋が架かる中島川から寺町への通りは、昔と今がクロスする和みの散歩道。古民家を活用した個性的なお店もたくさんあります。

スタート！

📷 眼鏡橋
めがねばし

電停めがね橋から徒歩4分

二重橋のモデルにもなった石橋

寛永11年（1634）、興福寺2代目住職唐僧・黙子如定禅師によって築造された、現存最古のアーチ型石橋。川面に映り込んだ橋の姿が眼鏡に見えることからこの名がついたという。

☎095-822-8888（長崎市あじさいコール）
🏠長崎市魚の町・栄町と諏訪町・古川町の間
💰見学自由 🚃電停めがね橋から徒歩4分 🅿️なし MAP付録P6D2

徒歩1分

1国の重要文化財に指定 2どっしりとした石橋 3護岸の石垣に埋め込まれているハート型の石を探してみて

徒歩1分

📖 ブック船長
ぶっくせんちょう

長崎をより深く学べる書籍がズラリ

長崎の歴史や文化にまつわる本や地図などが揃う書店で、長崎モチーフのしおりやポストカードも扱う。店内にはヨットの帆のような特注の椅子が並び、座って本を読むことも。

☎095-895-9180 🏠長崎市古川町3-16
🕙10時30分〜18時15分 休なし 🚃電停めがね橋から徒歩2分 🅿️なし MAP付録P6D3

徒歩2分

🍵 elv cafe
えるぶ かふぇ

眼鏡橋近くのおしゃれなカフェ

ヴィンテージ家具でまとめられた細長い店内は居心地のいい空間。コクのある深煎りコーヒーのほかドリンクメニューが豊富で、ランチタイムはじっくり煮込んだスパイスカレーも人気。

☎095-823-5118 🏠長崎市栄町6-16
🕙12〜19時 休月曜（祝日の場合は翌日）、毎月第2日曜 🚃電停めがね橋から徒歩4分 🅿️なし MAP付録P7C2

▲おしゃれなヴィンテージ風カフェ

▲店名はピーターパンの「フック船長」がモチーフ
◀知的好奇心をくすぐる本との出合いを楽しめる

スパイスカレーセット（サラダ・ドリンク付）1600円〜ハイカカオチョコレートケーキセット1240円

▲店内はセンスのいい猫雑貨がいっぱい

徒歩1分

長崎ならではの風情ある町家

眼鏡橋界隈には古い町家が十数軒ほど残されています。中通りでひとさわ目を引く「岩永梅寿軒」（☞P70）もその一つ。創業天保元年。見るからに歴史を感じる建物です。
☎095-822-0977 **MAP**付録P6D3

ながさきのねこざっか なながさきのねこ

🛍 長崎の猫雑貨 nagasaki-no neco

かわいい尾曲がり猫の雑貨

長崎で多く見かけるしっぽが曲がった通称「尾曲がり猫」は、昔、貿易船に乗ってきたという説もある。この店では、尾曲がり猫にこだわったオリジナルグッズを中心に、かわいい猫雑貨を販売。

☎095-823-0887 **住**長崎市栄町6-7服部ビル1階 **⏰**11〜17時 **休**不定休 **交**電停めがね橋から徒歩5分 **P**なし **MAP**付録P7C2

猫の耳の形をした▶
箸置き
1個1232円

木製コースター
1枚660円

ちりんちりんあいす

🛍 ちりんちりんアイス

長崎名物の素朴なアイス

昭和30年代、チリンチリンと鐘を鳴らしながら屋台で販売されていた、ちりんちりんアイス300円は、シャーベット風のシャリッとした食感。眼鏡橋のほか、平和公園、大浦、出島などで販売。

▲素朴なリヤカータイプの屋台

☎095-800-8118（前田冷菓）**住**眼鏡橋たもと **⏰**9〜17時 **休**悪天時、冬期 **交**電停めがね橋から徒歩5分 **P**なし **MAP**付録P6D2

▲さわやかであっさりとした甘さのちりんちりんアイス

徒歩1分

ゴール！

電停めがね橋まで徒歩1分

かすてらほんぽ ながさき
いじんどう めがねばしてん

🛍 カステラ本舗 長崎 異人堂 めがね橋店

上品な甘さのカステラに出合える

昭和30年(1955)創業。材料を厳選し、秘伝の技法で焼き上げるカステラに定評がある。なかでも通常よりザラメ糖をふんだんに使い、小麦粉の量が少ない五三焼は職人技が光る逸品。

☎095-821-3320 **住**長崎市栄町6-15 **⏰**9〜18時 **休**無休 **交**電停めがね橋から徒歩1分 **P**あり **MAP**付録P7C2

①定番カステラのほか、ざぼん味などの変り種も
②特製五三焼かすてら1566円

眼鏡橋・寺町● 眼鏡橋界隈をおさんぽ

亀山社中記念館で
坂本龍馬の素顔を知る
(かめやましゃちゅうきねんかん)
(さかもとりょうま)

今なお多くの人に愛される幕末の志士であり、日本の夜明けの光となった
坂本龍馬。彼が「希望」とよんだ長崎には、たくさんの足跡と面影が残っています。

龍馬と長崎の関わりは？

激動の幕末期を駆け抜けた坂本龍馬は、33歳で亡くなる晩年の5年
間、長崎の地を「希望」とよび、幾度となく訪れ滞在している。龍馬が
長崎に設立した貿易会社「亀山社中」は、日本初のカンパニーといわ
れ、それを足がかりにさまざまな活動を繰り広げた。

坂本龍馬プロフィール

天保6年(1835)	11月15日土佐国高知生まれ
嘉永6年 (1853)	江戸へ遊学。ペリー来航で新時代の到来を感じる
文久2年(1862)	土佐藩を脱藩。勝海舟に弟子入りを志願
元治元年(1864)	勝海舟とともに長崎へ
慶応元年 (1865)	海運・貿易会社と政治組織を兼ねた「亀山社中」結成
慶応2年(1866)	龍馬の立会いで薩長同盟が成立。妻・お龍とともに鹿児島へハネムーン
慶応3年(1867)	亀山社中を海援隊へと発展改組。11月15日、京都・近江屋で暗殺される

Zoom in!

1864年
勝海舟とともに初めての長崎

長州藩による関門海峡封鎖調停の命を受けた勝海舟に同行、長崎駅向かいの大きな観音様がある福済寺に滞在した。ちょうど港を挟んだ大浦では、大浦天主堂が建設中であった。

勝海舟

1865年

坂本龍馬

伊良林の地に亀山社中結成！

かつて亀山焼の窯があった地に、貿易や海運を主な業務とする「亀山社中」を結成。グラバー商会などと武器や軍艦などを取引しつつ、薩摩と州州の仲を近づけた。現在、社中の建物周辺の道は龍馬通りとして親しまれている。

1866年
激動の年 お龍も長崎へ

薩長同盟成立、寺田屋襲撃などまさに激動のこの年、龍馬は妻・お龍を初めて長崎に伴った。滞在の前後には「日本初のハネムーン」とされる霧島旅行へ出かけたといわれている。

お龍

1867年
後藤象二郎と会談 あの写真撮影もこのころ

亀山社中と土佐商会を合併し「海援隊」を結成。これに際し、長崎の料亭・清風亭で後藤象二郎と会談した。よく知られる懐手にブーツの写真は、このころに長崎の写真家・上野彦馬のスタジオで撮られたものとされる。

象二郎　龍馬

(長崎歴史文化博物館蔵)

龍馬って本当はどんな人？

龍馬は多くの小説やドラマなどに描かれ、長崎にも「龍馬ゆかりの○○」と名のつくものがいくつもあるが、事実とフィクションとが入り乱れているのが実状。しかし、これも愛されるがゆえ。彼が歩いた長崎の街で足跡をたどり、それぞれの龍馬像をイメージしてみよう。

ゆかりの品に見る龍馬のエピソード

ながさきしかめやましゃちゅうきねんかん
長崎市亀山社中記念館

ここで見学できます

幕末時代の面影を残す建物に龍馬ゆかりの品々を展示

龍馬が設立した亀山社中の遺構といわれる場所を、所有者の協力により長崎市が当時に近い状態に整備し平成21年(2009)より公開。龍馬がもたれかかったといわれる茶褐色の柱のある座敷を中心に、龍馬ゆかりの品を展示している。

☎095-823-3400 🏠長崎市伊良林2-7-24 ¥入館310円 ⏰9時〜16時45分最終入館 休無休 🚃電停新大工町から徒歩15分 Ｐなし MAP付録P6E2

お龍の奏でる月琴にしばし時を忘れて

中国から長崎に伝わったとされる月琴。龍馬の妻・お龍は長崎で月琴を習っていたという。龍馬もきっと、その音色に心を休めていたのだろう。

新しもの好きのオシャレさん

龍馬スタイルを強く印象づけるのが袴にブーツ。また、いち早くピストルを持っていたとも伝わることから、相当な新しもの好きだったようだ。

当時としては大柄 着物から体型を推定

坂本家の家紋が入った着物（複製）。これが身長170cm超、体重約80kgという龍馬の体型推定を導く材料の一つになったといわれている。

まだある！龍馬関連のスポット

りょうまのぶーつぞう
龍馬のぶーつ像

亀山社中創設130周年記念碑として、平成7年(1995)に設置されたブロンズ製のブーツ像。靴のまま履くことができる記念撮影スポット。

☎095-822-8888（長崎市あじさいコール）🏠長崎市伊良林 ¥⏰休見学自由 🚃電停新大工町から徒歩15分 Ｐなし MAP付録P6E2

かめやましゃちゅうしりょうてんじじょう
亀山社中資料展示場

龍馬の等身大パネルや志士たちの写真、幕末の資料などが並ぶ。オリジナルの龍馬グッズも販売。

☎095-828-1454 🏠長崎市伊良林3「亀山社中ば活かす会」¥入館無料 ⏰9時〜16時30分 休土・日曜、祝日のみ開館 🚃電停新大工町から徒歩15分 Ｐなし MAP付録P6E2

かざがしらこうえん
風頭公園

高さ4.8mの龍馬像があり、花の名所としても知られている公園。展望台からは長崎港を一望できる。

☎095-822-8888（長崎市あじさいコール）🏠長崎市伊良林3 ¥⏰休散策自由 🚃電停新大工町から徒歩20分またはバス停風頭山から徒歩7分 Ｐなし MAP付録P6E3

しせきりょうてい かげつ
史跡料亭 花月

多くの要人をはじめ、幕末には維新の志士たちも出入りしたと伝えられる料亭。龍馬ゆかりの品も展示されている。要予約。

☎095-822-0191 🏠長崎市丸山町2-1 ⏰12〜13時LO、18〜19時LO 休不定休（主に火曜）🚃電停思案橋から徒歩4分 Ｐなし MAP付録P6D4

こうやってまわりましょう！

スタート ♀バス停思案橋 ▶バスで11分 → 風頭公園 ▶徒歩7分 → ♀バス停風頭山 ▶徒歩11分 → 長崎市亀山社中記念館 ▶徒歩すぐ → 龍馬のぶーつ像 ▶徒歩2分 → 亀山社中資料展示場 ▶徒歩21分 → 史跡料亭花月 ▶徒歩4分 → ゴール 電停思案橋

眼鏡橋・寺町 ● 【ふむふむコラム】坂本龍馬の素顔を知る

日本と中国の文化が交錯する
エキゾチックな寺町の唐寺

いくつものお寺が並ぶ「寺町」に立つ、朱も鮮やかな唐寺。
国宝、重要文化財もある貴重な建物や石畳の境内にお参りしましょう。

寺町ってどんなところ？

10以上のお寺が立ち並ぶ寺町界隈。教会の多い長崎において、寺町には長崎古来の寺をはじめ、日本最古の唐寺や中国の影響を受けた墓域が風頭山の頂上まで続く。

ここに注目！
唐寺ならではの天井
細やかな彫刻が印象的。回廊の蛇腹型の黄檗天井は必見

1 庭を眺めながら抹茶と和菓子をいただける。1000円 2 巨大な魚板は "日本一美しい" との声もある 3 招福しおりは1つ300円 4 国指定重要文化財の本堂・大雄宝殿

スタート ▶ 寺町おすすめルート ◀ **ゴール**

電停崇福寺 → 徒歩3分 → 崇福寺 → 徒歩5分 → 萬順めがね橋店（→P49）→ 徒歩2分 → 料亭 一力（→P61）→ 徒歩2分 → 興福寺 → 徒歩5分 → 眼鏡橋（→P44）→ 徒歩5分 → 電停市民会館

こうふくじ
興福寺

国内初の唐寺は中国文化伝来の地

元和6年（1620）に創建された純中国式建築の唐寺。黄檗宗を開いた隠元禅師が最初に入山し、眼鏡橋を架けた黙子如定や近世漢画の祖・逸然禅師など、名のある中国高僧が住持したことでも知られる。

☎095-822-1076 住長崎市寺町4-32 ¥拝観300円 ◯9～17時 休無休 交電停市役所から徒歩8分 P5台 MAP付録P6D2

そうふくじ
崇福寺

数多くの文化財に出合える唐寺

寛永6年（1629）に、長崎在住の中国福建省の人達によって建てられた唐寺。境内には全部で21もの文化財があり、なかでも大雄宝殿と第一峰門の2つの国宝には注目したい。9月には中国盆会が行われる。

☎095-823-2645 住長崎市鍛冶屋町7-5 ¥拝観300円 ◯8～17時 休無休 交電停崇福寺から徒歩3分 P10台 MAP付録P6D4

ここに注目！
「聖寿山」の扁額
三門に掲げられた「聖寿山」の扁額は隠元禅師の筆によるもの

1 竜宮城に似ていることから竜宮門ともよばれる三門は、国指定重要文化財 2 国宝の第一峰門

眼鏡橋・寺町のおすすめスポット

🏯 若宮稲荷神社
わかみやいなりじんじゃ

龍馬や幕末の志士も参拝した勤皇神社

「勤皇稲荷」ともよばれ、明治維新のころには坂本龍馬など多くの志士たちが参拝したといわれている神社。本殿に続く参道には約70もの朱色の鳥居が連なり、どこか神秘的な雰囲気が漂う。毎年10月14・15日には「竹ん芸」という曲芸が奉納される。**DATA**☎095-822-5270 📍長崎市伊良林2-10-2 ⏰境内自由 🚋電停ема新大工町から徒歩10分 🅿なし **MAP**付録P6E2

🛍 大守屋
おおもりや

長崎の伝統工芸品「凧」の専門店

店主がひとつひとつ丁寧に手作りした長崎の伝統工芸である凧(ハタ)を、サイズや柄も豊富に販売。長崎凧の歴史なども教えてくれる。写真は伝統柄の凧で1300円で販売。店の奥では凧の製作風景も見学できる。**DATA**☎095-824-2618 📍長崎市古川町4-2 ⏰10～20時 ⏰不定休 🚋電停めがね橋から徒歩2分 🅿なし **MAP**付録P7C3

🍴 ビストロ ピエ・ド・ポー
びすとろ ぴえ・ど・ぽー

グルメな女性を虜にする極上フレンチ

かわいいコブタの看板が目印のフレンチレストラン。ランチは2420円～(写真)、ディナーは4950円～。フランス語で「豚足」を意味する店名のとおり、豚足料理がおすすめ。料理に合うワインやシャンパンも揃っている。**DATA**☎095-829-3477 📍長崎市鍛冶屋町4-17 ⏰12～13時LO、18～20時LO ⏰月曜 🚋電停めがね橋から徒歩10分 🅿なし **MAP**付録P6D3

🍴 ピアチェーヴォレ
ぴあちぇーゔぉれ

長崎ならではの絶品イタリアン

眼鏡橋の中島川沿いにある長崎の新鮮な魚、野菜、肉を中心にパスタをメインとした地元でも人気のレストラン。老舗のからすみパウダーのパスタは要予約。コース1500円～。**DATA**☎095-825-1222 📍長崎市銀屋町2-16 ⏰11時30分～14時LO、18～21時LO ⏰不定休(店頭、WEBサイトに表示) 🚋電停めがね橋から徒歩3分 🅿なし **MAP**付録P6D3

☕ 長崎カフェ 一花五葉
ながさきかふぇ いちかごよう

長崎を感じる落ち着いたカフェ

中島川沿いからアルコア中通りへ向かう細い通りにあるカフェ。長崎を感じる石畳とアジサイをイメージしたおしゃれな空間で、コーヒー、紅茶、抹茶のほか、和・洋のスイーツなどが楽しめる。写真は、一花五葉あんみつ1100円。数量限定のヘルシーなランチも好評。**DATA**☎095-824-8815 📍長崎市東古川町1-5 ⏰12～17時 ⏰月・火曜 🚋電停めがね橋から徒歩3分 🅿なし **MAP**付録P7C3

☕ 南蛮茶屋
なんばんちゃや

レトロかわいい古民家喫茶

江戸時代末期の古民家を改築し、しっとりとした雰囲気とコーヒーを楽しめる店。ジャズが流れる店内には、アンティークなインテリアが配されている。日本に最初に伝わった、当初の味に近い濃いめのコーヒー、南蛮茶は500円、手作りのレアチーズケーキセットは850円。**DATA**☎095-823-9084 📍長崎市東古川町1-1 ⏰14時～21時30分 ⏰無休 🚋電停めがね橋から徒歩2分 🅿なし **MAP**付録P7C3

🍴 和食 ほりた
わしょく ほりた

長崎の厳選素材で彩られた逸品料理

しっくいの壁の落ち着いた店内。京都で修行した店主が港や市場をまわって仕入れた新鮮素材で作る料理は、上品で味わい深い。おまかせ料理は予約制で、8470円と1万2100円の2コースがある。**DATA**☎095-893-8988 📍長崎市東古川町4-3 ⏰18～22時 ⏰水曜、第1・3火曜 🚋電停めがね橋から徒歩3分 🅿なし **MAP**付録P6D3

🛍 萬順 めがね橋店
まんじゅん めがねばしてん

できたての手作り中華菓子が楽しめる

創業明治17年(1884)、140年の歴史をもつ中華菓子の老舗。長崎みやげとして定番の「よりより」の名前を定着させた店としても有名だ。噛むほどに口に広がる香ばしさと甘い味わいがクセになる。店内で1つずつ手作りされているため、できたての味を楽しめる。**DATA**☎095-893-8804 📍長崎市諏訪町6-3 ⏰9時30分～18時30分 ⏰無休 🚋電停めがね橋から徒歩3分 🅿なし **MAP**付録P6D2

🏯 長崎尾曲がり猫神社
ながさきおまがりねこじんじゃ

猫と猫好きのための神社

しっぽが曲がったり、短かったりという特徴をもつ長崎の尾曲がり猫。店内には猫の健康長寿を願う神社があり、猫の図柄の絵馬やお守りも、招き猫などの猫グッズもずらりと並ぶ。「猫様献上にぼし」(398円)を愛猫のお土産にしよう。**DATA**☎095-895-7704 📍長崎市銀屋町2-15 ⏰11～18時 ⏰不定休 🚋電停めがね橋から徒歩3分 🅿なし **MAP**付録P6D3

📖 中島川に架かるいくつもの石橋は、川を挟んで立つ寺院にお参りに行く人たちのために架けられたもの。眼鏡橋もその一つです。

これしよう！

**平和公園で
世界平和を祈ろう**

平和祈念像や原爆落下中
心地碑、長崎原爆資料館
などがあり、平和の尊さを
発信（☞P52）

これしよう！

**長崎原爆資料館で
平和について学ぼう**

原爆投下直後の街の惨状
を再現し、被爆状況を知
る写真や品々を展示
（☞P52）

これしよう！

**浦上天主堂の
鐘の音に耳を澄ます**

原爆で崩壊した天主堂。
鐘は奇跡的に残り、今も
その音色を聴くことがで
きる（☞P52）

平和公園・浦上は
ココにあります！

歴史を学び、平和への祈りを捧げよう

平和公園・浦上
へいわこうえん・うらかみ

世界中から届けら
れる平和への祈り

こんなところ

昭和20年(1945)8月9日の原爆投下
により、多くの人が犠牲になった
場所。長崎原爆資料館にある貴重
な資料を見たり、平和公園の平和
祈念像などを巡り、平和の大切さ
を体感しましょう。アンジェラス
の鐘の音が響く浦上天主堂の美し
いステンドグラスも必見です。

路面電車 access

| 長崎駅前 | →路面電車
赤迫行き8分 | 浦上駅前 | →路面電車4分 | 原爆資料館 | →路面電車1分 | 平和公園 | →路面電車1分 | 大橋 |

問合せ
☎095-822-8888（長崎市あじさいコール）

～平和公園・浦上 はやわかりMAP～

観光のヒント
国道206号線の渋滞にご用心
長崎の街には抜け道が少なく、朝夕の幹線道路は慢性的に渋滞している。国道206号線もラッシュ時には非常に込み合うので、移動の際はご注意を。

1 平和公園（☞P52）
・平和祈念像

4 長崎市永井隆記念館（如己堂）（☞P53）

3 浦上天主堂（☞P52）

5 フルーツいわなが（☞P53）

2 長崎原爆資料館（☞P52）

厳粛な空間で追悼と平和を祈念
国立長崎原爆死没者追悼平和祈念館では、死没者へ追悼の祈りを。

大人も興味津々!路面電車の軌跡
長崎西洋館内にある長崎路面電車資料館では部品や模型を展示。

6 山王神社 大楠と二の鳥居（☞P53）

N 0 100m

長崎市

おすすめコースは

4時間

平和公園～原爆落下中心地碑～原爆資料館は近い場所にあり、徒歩でまとめてまわれる。浦上天主堂付近の商店街では地元の人とのふれあいを楽しもう。山王神社へはタクシー移動が便利だ。

スタート		1		2		3		4		5		6		ゴール
		見学		見学		見学		見学		カフェ		見学		
電停平和公園	▶徒歩3分	平和公園	▶徒歩5分	長崎原爆資料館	▶徒歩7分	浦上天主堂	▶徒歩7分	長崎市永井隆記念館（如己堂）	▶徒歩7分	フルーツいわなが	▶徒歩15分	山王神社 大楠と二の鳥居	▶徒歩10分	電停浦上駅前

平和への願いと祈りにあふれた ピースフルな浦上を歩きましょう

歩いてまわって 約2時間

原爆にまつわるスポットや天主堂がある浦上エリアは、鐘の音が響くやすらぎの街。
ゆっくり歩きながら、平和の「今」をかみしめましょう。

START! 電停平和公園から徒歩3分

へいわこうえん・へいわきねんぞう
📷 平和公園・平和祈念像

世界の恒久平和を願って…

世界平和と文化交流の祈念施設として、昭和26年（1951）に造られた公園。平和の泉や世界各国の平和を願うモニュメントがあり、公園奥では平和祈念像が静かに平和を祈り続けている。8月9日の平和祈念式典はこの像の前で行われる。

☎095-822-8888（長崎市あじさいコール）住長崎市松山町 🕐💰休散策自由 交電停平和公園から徒歩3分 P92台（有料）MAP付録P9B1・2

1 原爆の熱線を浴び、水を求めた犠牲者の霊を慰める「平和の泉」 2 当時、被爆地には軍需工場があり多くの人々が犠牲に。33回忌にあたる昭和52年（1977）、ここで亡くなった人々の冥福を祈り造られた「長崎の鐘」

平和のメッセージ
天に伸びる右手は原爆の脅威を、水平に伸びした左手は世界平和を表し、軽く閉じたまぶたは、犠牲者の冥福を祈っている

▲昭和30年（1955）に完成した、南島原市出身の彫刻家・北村西望作の平和祈念像

徒歩7分

うらかみてんしゅどう
📷 浦上天主堂

被爆から再建した天主堂

浦上の信徒たちが、30年の歳月をかけて完成させた天主堂は、原爆によって全壊。その後、昭和34年（1959）に再建され昭和55年（1980）に改装。幾度もの受難を乗り越えた、長崎で最も大きな教会。

☎095-844-1777 住長崎市本尾町1-79 入堂無料 🕐9〜17時 休無休 交電停平和公園から徒歩10分 Pなし MAP付録P9C2

▲台風によって頭部がなくなった石像

徒歩5分

ながさきげんばくしりょうかん
📷 長崎原爆資料館

悲しい歴史と平和の願いをかみしめる

昭和20年（1945）8月9日11時2分、長崎の上空で一発の原子爆弾が炸裂した。ここでは被爆の惨状を示す多くの資料を保存・展示するとともに、原爆が投下されるに至った経過などを紹介している。

☎095-844-1231 住長崎市平野町7-8 入館200円 🕐8時30分〜17時30分、5〜8月は〜18時30分、8月7〜9日は20時まで（いずれも最終入館は閉館の30分前）休12月29〜31日 交電停原爆資料館から徒歩5分 P61台 MAP付録P9B2

▲ドーム型の外観

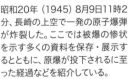

▲11時2分で止まった時計

▲美しいステンドグラスが配された堂内

▲原爆落下中心地に移築された旧浦上天主堂の遺壁

原爆落下の中心地に立つ碑に平和を誓いましょう

昭和20年（1945）8月9日午前11時2分、長崎の上空約500mで原子爆弾が炸裂。その中心地には「原爆落下中心地碑（げんばくらっかちゅうしんちひ）」が立っています。
☎095-822-8888（長崎市コールセンター「あじさいコール」）MAP付録P9B2

平和のメッセージ
永井隆博士は被爆経験をもとに、原爆・人間・愛・平和に関する著書を残し、平和の尊さを伝え続けた

ながさきしながいたかしきねんかん にょこどう
長崎市永井隆記念館（如己堂）

隣人愛と平和の尊さを伝える

放射線研究に取り組む医学博士だった永井隆。原爆で被爆した後、2畳ひと間の部屋「如己堂」で寝たきりになりながらも、平和を訴え続ける多数の著書を執筆した。

☎095-844-3496 住長崎市上野町22-6 ¥入館100円 ⏰9〜17時 休無休 交電停大橋から徒歩7分 Pなし MAP付録P9B1

▶被爆後も被災者の救護や原子病の研究を続けた永井隆博士

徒歩7分

1 被爆前の自宅跡地にある永井隆記念館では遺品や書画を展示 2 子ども2人とともに過ごした如己堂で、『この子を残して』などを書き上げた

徒歩7分

ちょっとcafeタイム

ふるーついわなが
フルーツいわなが

フレッシュフルーツでひと休み

厳選された旬のフルーツが並ぶ果物店。カフェスペースでは、注文を受けてから絞るフルーツジュース450円〜や、旬のフルーツを使ったパフェ、土曜日限定のフルーツサンドなどが楽しめる。

☎095-844-4311 住長崎市平和町9-8岩永ビル1階 ⏰10〜17時（果物店は9〜18時）休日曜 交電停平和公園から徒歩8分 P2台 MAP付録P9C2

1 旬のフルーツを使ったパフェのなかでも冬から春の旬のイチゴをたっぷり使ったイチゴパフェ2100円は人気 2 店内にイートインスペースもある

徒歩15分 **GOAL!** 電停浦上駅前まで徒歩10分

さんのうじんじゃ おおくすとにのとりい いっぽんばしらとりい
山王神社 大楠と二の鳥居（一本柱鳥居）

原爆の爆風にも耐えた楠と鳥居

爆心地から約800mの所にある神社。原爆により4つあった鳥居のうち三と四の鳥居は倒壊したが、二の鳥居は半分吹き飛ばされて片方の柱だけが残り、80年近く経つ今も柱1本で立っている。境内の大楠もまた、爆風を受けたものの、のちに芽吹いたという奇跡の生命力をもつ。

☎095-844-1415 住長崎市坂本2-6-56 ¥⏰休境内自由 交電停浦上駅前から徒歩10分 Pなし MAP付録P9C4

1 貴重な被爆遺構として、当時のままの姿で原爆の脅威を物語る一本柱鳥居 2 爆風と熱線により一度は枯れたと思われた大楠は、山王神社のシンボルであり、市指定の天然記念物

基礎知識編

「長崎と天草地方の潜伏キリシタン関連遺産」①

禁教時代も、ひそかに信仰を守り続けた長崎と天草地方のキリシタン。
その歴史を物語る集落や教会などが世界遺産に登録され、注目を集めています。

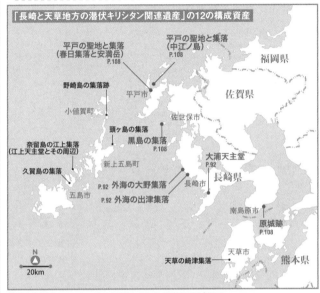

「長崎と天草地方の潜伏キリシタン関連遺産」の12の構成資産

平戸の聖地と集落
（春日集落と安満岳）
P.108

平戸の聖地と集落
（中江ノ島）
P.108

野崎島の集落跡

小値賀町

奈留島の江上集落
（江上天主堂とその周辺）

久賀島の集落

五島市

頭ヶ島の集落
黒島の集落
P.108

新上五島町

P.92 外海の大野集落

P.92 外海の出津集落

福岡県

佐賀県

平戸市

佐世保市

大浦天主堂
P.92

長崎市　長崎県

南島原市

原城跡
P.108

天草市

天草の﨑津集落

熊本県

N
20km

世界文化遺産エリア内の教会見学は、下記に事前連絡が必要。
◆長崎と天草地方の潜伏キリシタン関連遺産インフォメーションセンター
https://kyoukaigun.jp　☎095-823-7650　長崎市出島町1-1-205長崎出島ワーフ2階
※大浦天主堂の見学は事前連絡不要。
◇但し、野崎島の集落跡の事前連絡は、〈おぢかアイランドツーリズム協会〉へ。
https://ojikajima.jp/　☎0959-56-2646（受付/9〜18時）
小値賀町笛吹郷2791-13（小値賀港ターミナル内）
◇また、天草の﨑津集落の事前連絡は、〈（株）KASSE JAPAN〉へ。
https://www.kyusanko.co.jp/ryoko/pickup/sakitsu-church/
☎096-300-5535（受付/10〜17時）

「長崎と天草地方の潜伏キリシタン関連遺産」って何？

江戸時代、250年以上にわたるキリスト教禁教政策のもとで、ひそかに信仰を伝えた人々の歴史を物語る他に例を見ない証拠です。「潜伏」したきっかけや、信仰を維持するためにひそかに行った様々な工夫や試み、そして大浦天主堂での信徒発見で転機を迎え、「潜伏」が終わりを迎えるまでを12の構成資産によって表しています。

なるしまのえがみしゅうらく（えがみてんしゅどうとそのしゅうへん）
奈留島の江上集落（江上天主堂とその周辺）
（長崎県五島市）

禁教期に移住によって集落が形成され、解禁後に「潜伏」が終わったことを可視的に示す教会堂。

かしらがしまのしゅうらく
頭ヶ島の集落
(長崎県新上五島町)

病人の療養地として使われていた島に開拓移住することによって共同体を維持した集落。

ひさかじまのしゅうらく
久賀島の集落
(長崎県五島市)

五島藩の政策に従って島の未開発地に開拓移住することによって共同体を維持した集落。

あまくさのさきつしゅうらく
天草の﨑津集落
(熊本県天草市)

身近なものを信心具として代用することによって信仰を実践した集落。

のざきじまのしゅうらくあと
野崎島の集落跡
(長崎県小値賀町)

神道の聖地であった島に開拓移住することによって共同体を維持した集落。

長崎タウンのおすすめスポット

日本二十六聖人記念館
にほんにじゅうろくせいじんきねんかん

国際的な巡礼地となった殉教の丘

安土桃山時代、豊臣秀吉の禁教令によって京都や大坂で捕らえられた外国人宣教師と日本人のキリシタン24人は長崎に送られ、途中で2人が加わって26人となり、慶長元年（1597）にここ西坂の丘で処刑された。この殉教地には彼らが昇天する様子を描いた記念碑が建てられ、隣接する記念館にはザビエルの手紙やマリア観音など、キリシタン関連の貴重な資料が展示されている。

DATA ☎095-822-6000 **住**長崎市西坂町7-8 **¥**見学無料（記念館は500円）**⏰**見学自由（記念館は9〜17時）**休**無休 **交**JR長崎駅から徒歩5分 **P**10台 **MAP**付録P7B1

①昭和37年（1962）に建てられた彫刻家・舟越保武作の二十六聖人記念碑。その背後に記念館がある ②長い時を経て、26人の殉教者たちは「聖人」に列せられた ③キリスト教の歴史やキリシタン文化を紹介する記念館は平成22年（2010）にリニューアルした

聖福寺
しょうふくじ

風情あふれる黄檗宗の寺

延宝5年（1677）に建立され、興福寺、崇福寺、福済寺と並んで「長崎四福寺」の一つにも数えられる黄檗宗の寺。長崎一大きな梵鐘「鉄心の大鐘」や甲瓦を埋め込んだ鬼塀など、みどころも多い。2030年まで国指定重要文化財4棟を修復予定。**DATA** ☎095-823-0282 **住**長崎市玉園町3-77 **¥**拝観無料 **⏰**8〜17時 **休**無休 **交**電停桜町から徒歩4分 **P**なし **MAP**付録P7C1

諏訪神社
すわじんじゃ

日本3大祭り「長崎くんち」の舞台

寛永2年（1625）に創建され、長崎市民から「おすわさん」として親しまれている神社。長崎の総氏神様として、諏訪、森崎、住吉の三社が祀られている。秋に開催される「長崎くんち（P56）」は、380余年もの歴史を誇るこの神社の例大祭。**DATA** ☎095-824-0445 **住**長崎市上西山町18-15 **¥⏰休**境内自由 **交**電停諏訪神社から徒歩5分 **P**62台 **MAP**付録P6D1

長崎歴史文化博物館
ながさきれきしぶんかはくぶつかん

近世長崎の海外交流史を物語る

かつての長崎奉行所を復元した外観が目を引く博物館。貴重な歴史資料・美術品の展示や、体験コーナーが充実している。**DATA** ☎095-818-8366 **住**長崎市立山1-1-1 **¥**入館630円 **⏰**8時30分〜19時、12〜3月は〜18時（最終入館はいずれも30分前）**休**第1・3月曜（祝日の場合は翌日、月によって変わる場合あり）**交**電停桜町から徒歩6分 **P**67台（有料）**MAP**付録P7C1

江戸時代に長崎奉行所立山役所があった場所に立つ

当時の雰囲気漂う重厚な門構え

シーボルト記念館
しーぼるときねんかん

シーボルトの功績と生涯を紹介

文政6年（1823）に出島のオランダ商館医として来日、のちに「鳴滝塾」を開き日本に西洋近代医学を伝えたシーボルトを顕彰する記念館。シーボルトの旧宅をイメージした赤レンガ造りで、シーボルト宅跡も隣接している。**DATA** ☎095-823-0707 **住**長崎市鳴滝2-7-40 **¥**入館100円 **⏰**9時〜16時30分最終入館 **休**月曜（祝日を除く）**交**電停新中川町から徒歩7分 **P**7台 **MAP**付録P4D3

サント・ドミンゴ教会跡資料館
さんと・どみんご きょうかいあとしりょうかん

江戸時代初期の教会遺跡

慶長14年（1609）にドミニコ会のモラーレス神父が鹿児島から移築したという教会跡。当時の石畳や地下室、その後に建てられた代官屋敷の井戸などが、小学校建て直しの際の発掘調査で発見された。**DATA** ☎095-829-4340 **住**長崎市勝山町30-1 **¥**入場無料 **⏰**9〜17時 **休**月曜 **交**電停桜町から徒歩8分 **P**なし **MAP**付録P6D1

シーボルトは、長崎で見たアジサイの花を、愛する「お滝さん」の名前をとって「ハイドランジェ オタクサ」として外国に紹介しました。

長崎の2大フェスティバルを じっくり見学しましょう

長崎のお祭りはエキゾチックでエネルギッシュ。なかでも和洋中の魅力満載の
「長崎くんち」と「長崎ランタンフェスティバル」は要チェックです。

地元では「おすわさん」として親しまれる諏訪神社(☞P55)▶

10月 7・8・9日(雨天順延)

龍踊 (じゃおどり)
くんちのなかでも人気の演し物。黄金の宝珠を龍が追い求めるさまを表している
※2023年は龍踊の奉納はなし。出し物は毎年異なる

◆ 祭りを楽しむアドバイス ◆

・奉納踊をたっぷり満喫したいなら場所の踊場(有料)で!
・各踊町が踊りを呈上してまちなかをまわる「庭先回り(にわさきまわり)」は間近で見られるチャンス
・アンコールの掛け声「モッテコーイ」を叫んでみよう

長崎くんち
(ながさきくんち)

船を威勢よく回し、街が湧く
長崎のすべてが結集する秋の大祭

長崎の氏神「諏訪神社」の秋の大祭として、寛永11年(1634)に始まった「長崎くんち」。現在58の「踊町」があり、龍踊やコッコデショ、オランダ船、川船など、和洋中の奉納踊を7年に1度、その年の当番町が披露する。くんちが開催される3日間は長崎っ子の血がさわぐ、1年で最も熱い日だ。

☎095-822-0111(長崎伝統芸能振興会) 会場:諏訪神社(交電停諏訪神社から徒歩5分 MAP付録P6D1)、お旅所(交電停大波止から徒歩3分 MAP付録P7A3)、中央公園(交電停めがね橋から徒歩3分 MAP付録P7C2)、八坂神社(交電停崇福寺から徒歩5分 MAP付録P6D4)ほか ※踊場で見るには観覧券が必要。詳しくは長崎伝統芸能振興会HPを参照

📷 みどころはコチラ

庭見世 (にわみせ)
10月3日の夕方から行われる。踊町の家々が、演し物の道具やお祝いの品を並べて披露する

傘鉾 (かさぼこ)
踊町の先頭を行く「傘鉾」は、町のプラカードの役目を果たす。重さはなんと130〜150kg!

本踊 (ほんおどり)
本朝の踊、本手の踊の意味で、日本舞踊のこと。阿蘭陀万歳など各町さまざまな演目がある

庭先回り (にわさきまわり)
各踊町が短い踊りやお囃子を玄関先などで演じる。福をお裾分けし、お祝いするという趣旨

お下り・お上り (くだり・のぼり)
ご神体を乗せた神輿が、お旅所へとお渡りになる「お下り」。お戻りになるのが「お上り」

掛け声 (かごえ)
「モッテコーイ」はアンコールを意味するかけ声。「ショモーヤレ」は踊りのアンコール

長崎みやげに
ランタングッズを
ゲットしましょう！

毎年、湊公園会場と中央公園会場ではオリジナルのランタングッズを販売。話題の「変面」をモチーフにしたグッズなども人気です。
☎095-823-7423
長崎国際観光コンベンション協会

◀湊公園にはろうそくやお供え物がズラリ

旧正月〜
2週間

❀ 祭りを楽しむアドバイス ❀

・まずは湊公園でイベントスケジュールを入手して、催し物をチェック！
・新地橋（MAP付録P8C1）周辺にある桃色のランタンに注目
・中国の縁結びの神様「月下老人」のランタンオブジェを見つけて赤い糸を結ぼう

みなとこうえん
湊公園（⇒P37）
メイン会場となる公園。新地中華街の南門「朱雀門」に隣接している

📷 みどころはコチラ

※催しの内容は変更になる可能性があります。

こうてい
皇帝パレード
清朝時代の皇帝・皇后が揃って街なかに出かけ、民衆と一緒に新しい年を祝う様子をイメージ

ちゅうごくししまい
中国獅子舞
極彩色の衣装と中国独特の打楽器を使う、躍動感あふれるリズムとアクロバティックな踊りは必見

まそぎょうれつ
媽祖行列
長崎に入港した唐船の乗組員たちが、航海安全の神とされる媽祖を安置する行列を再現

ランタン
中島川公園のランタンは幻想的な黄色。眼鏡橋と一緒に川面に映る風景はとてもロマンチック

ライトアップ
江戸時代に多くの中国人が暮らした唐人屋敷の建物も美しくライトアップされる

よんどうめぐ
四堂巡り
唐人屋敷に立つ4つのお堂にろうそくを灯して祈ると、願いが叶うといわれている

ながさきらんたんふぇすてぃばる
長崎ランタンフェスティバル

冬の澄んだ空気のなか
新たな春を迎える光と色の海

もとは長崎新地中華街の人たちが街の振興のために、旧暦の新年「春節」を祝う行事として行ったのが始まり。今では会場やランタンの数も年々増加、10数ｍを超えるメインオブジェをはじめ多彩なランタンが街を彩り、出店やイベントを巡る人々で賑わう。各会場には、中国の味を楽しめる出店も多数。

☎095-822-8888（長崎市あじさいコール）会場：湊公園（🚋電停新地中華街から徒歩3分 MAP付録P8C1）、中央公園（🚋電停めがね橋から徒歩3分 MAP付録P7C2）、唐人屋敷跡（🚋電停新地中華街から徒歩7分 MAP付録P7C4）、浜市アーケード（🚋電停観光通りから徒歩3分 MAP付録P7C3）、孔子廟（🚋電停大浦天主堂から徒歩3分 MAP付録P8B3）ほか

📖 長崎くんちではお囃子のことを「シャギリ」とよびます。笛と太鼓の哀調ある旋律に、気もそぞろとなる長崎っ子も多いようです。

世界新三大夜景の一つ
稲佐山で光のアート観賞

✦ゴンドラで✦
稲佐山へGO!

家々が山に張り付くように立ち並ぶ長崎の夜景は、立体的な美しさが魅力。
「東洋のナポリ」に酔いしれながらの贅沢ディナーも素敵です。

✦ 昼も夜も360度
パノラマを堪能でき

★ 思案橋

長崎で一番古く
て大きな歓楽街

風頭山

寺町

出島

山の中腹から山頂
までの約800mの
レールを快走！

JR長崎駅

★きらめく光のタペストリー
世界新三大夜景の輝きにうっとり

★ 長崎港

クルーズ船が入港していた
らラッキー♪

✦ 展望台も✦
ライトアップ

★ ┌─── 展望台へのアクセス ───┐ ★

いなさやまこうえんてんぼうだい
稲佐山公園展望台

1000万ドルの夜景が美しい
長崎屈指のビュースポット

標高333mの稲佐山は長崎のシンボル。
すり鉢状の街がもたらす立体感ある夜
景は格別。展望台の屋上広場中央には
階段状のイスなどが設置され、快適に夜
景が楽しめる。
☎095-822-8888(長崎市コールセンター「あじ
さいコール」)　🏠長崎市稲佐町364　🕐🈶見学
自由　🅿38台(最初の20分無料、以降30分100
円)　MAP付録P5A4

🚌🚡 バス+ロープウェイ

🚏 長崎駅前
　↓ 長崎バス3・4番系統で7分
🚏 ロープウェイ前
　↓ 徒歩2分
🚡 長崎ロープウェイ淵神社駅
　↓ ロープウェイで5分
🚡 稲佐岳駅(稲佐山山頂)

DATA長崎ロープウェイ　💰往復
1250円、片道730円　🕐9〜22時
15〜20分間隔で運行　🈺悪天候時
MAP付録P4A3

🚌 バス+スロープカー

🚏 長崎駅前
　↓ 長崎バス5番系統で13分
🚏 稲佐山
　↓ 徒歩2分
🚡 長崎稲佐山スロープカー中腹駅
　↓ 8分
🚡 山頂駅(稲佐山山頂)

DATA長崎稲佐山スロープカー　💰往復
500円、片道300円　🕐9〜22時(18時ま
では20分間隔、18時以降は15分間隔で運
行)　🈺点検日、悪天候時　MAP付録P4A3

★ グラバー園

夜間開園時には美しいライトアップも

大浦天主堂

展望台の床に
1つだけ輝く
ピンク色の光

稲佐山展望台の床面に輝くいくつものLEDイルミネーションは、時間に合わせて色が変化します。よ～く見ていると、1つだけピンク色の光がキラリ！触れたら幸せになれるかも!?ぜひ探してみましょう！

長崎の夜景を眺めながらお食事

いなさやまれすとらんいただき
稲佐山レストラン ITADAKI

夜景とともに長崎名物を味わおう

稲佐山山頂の展望台にあるレストラン。長崎名物からコース料理まで、地元食材を使った料理にも大満足！

☎050-3317-0100 🏠長崎市稲佐町364 稲佐山展望台2階 🕐ランチ11時30分～14時LO、ディナー17時～20時30分LO 休第2火曜 🚗JR長崎駅から車で25分 🅿38台（最初の20分無料、以降30分100円）MAP付録P5A4

ここが特等席です

1 世界新三大夜景を独り占めできる特等席 2 稲佐山トルコライス1430円。カダイフをまとったエビフライやハンバーグ、リゾット、ナポリタンが一皿で楽しめる

ここが特等席です

1 おすすめは窓際のテーブル席。カップル席やソファー席もある 2 長崎名物の卓袱を手軽に味わえる、くずし卓袱龍馬御膳6600円

てんぼうれすとらんろーたす
展望レストランロータス

アジアンリゾート風のレストラン

「稲佐山温泉ホテルアマンディ（☞P75）」内にあるレストラン。吹き抜けの店内からは煌めく世界新三大夜景が広がる。和食や洋食、長崎の郷土料理など豊富なメニューがある。

☎095-862-5555 🏠長崎市曙町39-38 🕐11時30分～21時LO 休無休 🚗JR長崎駅から車で8分 🅿120台 MAP付録P5A4

★ 日没時間の目安 ★
日没から20分後が夜景のベストタイム！

2023年	
10月	17:47
11月	17:20
12月	17:17

2024年	
1月	17:37
2月	18:05
3月	18:29
4月	18:51
5月	19:13
6月	19:29
7月	19:28
8月	19:03
9月	18:26

※国立天文台天文情報センター暦計算室HPより

れすとらん ふぉれすと
レストラン「フォレスト」

デザイナーズホテルのレストラン

稲佐山中腹にある「ガーデンテラス長崎ホテル&リゾート（☞P75）」内のレストラン。海側の窓からは、長崎港を見渡す煌めきの夜景を眺められる。長崎の旬の食材を使った繊細な味のフレンチコースを堪能して。

☎095-864-7775 🏠長崎市秋月町2-3 🕐11～14時LO、17～21時LO 休無休 🚗JR長崎駅から車で15分 🅿140台 MAP付録P5A4

ここが特等席です

1 大きな窓際の席では、絵画のように切りとられた夜景が楽しめる 2 ディナーメニュー8000円～。写真はコース料理の一例

長崎観光 ● 稲佐山で光のアート観賞

長崎ロープウェイとスロープカーのデザインは、フェラーリのチーフデザイナーを務めた奥山清行氏率いるKEN OKUYAMA DESIGNが考案。

初めての味も次々と出てくる
豪華絢爛な卓袱(しっぽく)料理をランチで

和洋中の粋を集めた華やかな歴史が香る卓袱料理。料亭や和食処で、
お膳やお弁当に主な料理を盛り込んだ「ランチ卓袱」がいただけます。

昼の卓袱料理
1名 3960円〜（写真は4名分）
食前酒、御鰭、刺身、酢の物、和え物、
三品盛、豆蜜煮、中鉢（東坡煮）、御飯、
長崎沢煮(スープ)、香の物・水菓子・梅
椀(しるこ)（要予約）。※季節により料
理内容は変わる

純日本風の
たたずまい。客
室は全16室

長崎駅周辺
りょうてい さかもとや
料亭 坂本屋

歴史を感じる料亭で
華やかな卓袱料理に舌鼓

明治27年（1894）創業の老舗で、2
代目が長崎の宿で初めて卓袱料理に
取り組み、評判になったという。なか
でも卓袱料理に欠かせない豚の角煮
「東坡煮」が名物で、この味を求めて
遠くから足を運ぶ人も多い。すべて個
室での対応なので、ゆっくりとくつろ
げるのがうれしい。長崎駅からもすぐ
で観光拠点の一つにイチオシ。

☎095-826-8211 ⛩長崎市金屋町2-13
🕐昼:11時30分〜13時30分食事スタート。夜:
17時30分〜19時30分食事スタート。食事（会
席料理・卓袱料理）は要予約（2名から予約可）
🈺無休 🚋電停五島町より徒歩2分 🅿20台
MAP 付録P7B2

🍵 夜のコースメニュー
・卓袱料理 1名1万1000円〜
※要予約

卓袱料理とは？

大皿に盛られた和洋中の料
理が円卓で供される、長崎の
伝統料理。「卓」はテーブル、
「袱」はテーブル掛けの意味。
お鰭(お吸い物)で始まり、数
種類の大皿料理の後、最後
におしるこが出る。

🍱 卓袱料理の一例

ひれ
お鰭
客1人に1匹の魚を使
った、というもてなし
の気持ちを表している

しょうさいもり
小菜盛
刺身、酢物、口取、和
物、豆蜜煮の5品が
登場（写真は刺身）

ちゅうばち
中鉢
長崎名物の豚の角煮。
中国杭州の伝統料理
「東坡肉」がその起源

しるこ
梅椀
最後に出るおしるこ。
小さな紅白の白玉が
入っている

予約なしで
気軽に手軽な
卓袱料理を

卓袱料理の専門店「長崎卓袱浜勝（ながさきしっぽくはまかつ）」なら、予約なしで1名からお手頃価格の卓袱料理を楽しめます。ハタコース6500円、ぶらぶら卓袱4800円（写真）。☎095-826-8321 **MAP**付録P6D3

思案橋
わしょくすてーき よひら
和食ステーキ よひら

粋を極めた風情ある建物

屋号は、長崎を代表する花・アジサイの季語である「四葩（よひら）」に由来。昼夜ともに手頃な価格のコースがあり、長崎らしい情緒あふれる雰囲気と料理を気軽に楽しむことができる。

☎0120-31-3450 **住**長崎市船大工町5-7 **⏰**11時30分〜13時30分LO、17〜20時LO **休**不定休 **交**電停思案橋から徒歩5分 **P**なし **MAP**付録P7C4

▶テーブル席や掘りごたつ席もあり、幅広く利用できる

◖ **夜のメニュー**
・会席コース　6600円〜
・酒菜コース　6600円〜
※いずれも要予約

丸山弁当 3300円
長崎てんぷらや刺身など、長崎の旬の食材をふんだんに用いた昼限定の卓袱風料理（要予約）

▶古き良き日本のたたずまいを感じる空間で食事を楽しめる

◖ **夜のメニュー**
・懐席料理　5300円
※要予約

しっぽく料理 1人前 6500円〜
（4名様より、昼夜ともに要予約）
お鰭、小菜（豆・口取・造り・湯引・焼物・揚物）、大鉢、中鉢、丼、食事、梅椀、デザート

寺町
ながさきわしょく そうからく
長崎和食 草花洛

崇福寺通りで至福の味を

魚のうま味を最大限に生かした長崎仕立ての和食が味わえる。水揚げされたばかりの県産天然真鯛をまるごと塩で包んで焼き上げた、名物の「鯛の塩釜焼き」6200円もぜひ。

☎095-823-9313 **住**長崎市鍛冶屋町5-78 **⏰**11時30分〜14時、17〜22時 **休**月曜 **交**電停思案橋から徒歩5分 **P**なし **MAP**付録P6D3

寺町
りょうてい いちりき
料亭 一力

老舗ならではの調度品にも注目

文化10年（1813）創業のこちらは、坂本龍馬ら維新の志士たちも通ったといわれる老舗料亭。起源は鎖国時代に遡る卓袱料理を、伝統的なたたずまいで楽しめる。

☎095-824-0226 **住**長崎市諏訪町8-20 **⏰**11時30分〜14時、17時〜19時30分最終入店 **休**不定休 **交**電停市役所から徒歩10分 **P**3台 **MAP**付録P6D2

▶維新の志士たちも亀山社中から石畳を歩き、こちらののれんをくぐったはず

◖ **夜のメニュー**
・卓袱料理　1万5840円〜
・会席料理　1万5840円〜
※いずれも要予約

姫重しっぽく 6050円
卓袱料理に欠かせないメニューを三段重に詰めた、昼限定の味わい深い料理（要予約）

📖 料亭の女将さんのこと、長崎では「おかっつぁま」とよびます。卓袱料理はおかっつぁまの「お鰭をどうぞ」のひと言で始まります。

長崎グルメの代表
ちゃんぽん&皿うどんは必食です

長崎人の「ソウルフード」といえば、ちゃんぽん&皿うどん。
有名どころから町の食堂まで、それぞれの個性が光ります。思い出の一杯に出合えますように。

ちゃんぽん History

明治時代、中国から渡ってきた若者たちのために、当時の「四海楼」主人が、安くてボリュームのある「支那うどん」を出したのが始まり。「ちゃんぽん」の語源については諸説あり。

館内にはちゃんぽんミュージアムを併設

南山手
しかいろう
四海楼

昔から変わらぬ味を作り続ける

明治32年（1899）創業のちゃんぽん発祥店。コシのある麺に濃厚な白濁スープが絡む栄養満点な伝統の味。

☎095-822-1296 🏠長崎市松が枝町4-5 🕐11時30分〜最終入店14時30分、17時〜最終入店19時30分 🈺不定休 🚃電停大浦天主堂からすぐ 🅿なし **MAP**付録P8B3

ちゃんぽん 1210円
鶏ガラと豚骨のスープに錦糸玉子が特徴的

ちゃんぽん 990円
独自のブレンドスープはコクがあり後味すっきり

中華街北門入口からすぐの赤い柱が目印

新地中華街
かいらくえん
会楽園

こだわりのオリジナルスープ

一度に作るのは5杯までというちゃんぽんは、鶏ガラと豚骨を7対3でブレンドした絶妙スープが特徴。

☎095-822-4261 🏠長崎市新地町10-16 🕐11時〜14時45分LO、17時〜19時50分LO 🈺月3回不定休 🚃電停新地中華街から徒歩2分 🅿なし **MAP**付録P8C1

思案橋
かんろ
康楽

地元で人気のすっきりスープ

歓楽街にあり、鶏ガラスープですっきり味のちゃんぽんは、飲んだ後の締めに食べるお客さんも多い。

☎095-821-0373 🏠長崎市本石灰町2-18 🕐18〜22時（日曜は21時）🈺月曜休 🚃電停思案橋から徒歩3分 🅿なし **MAP**付録P6D4

思案橋横丁にある。店内は4卓のテーブル席のみ

ちゃんぽん 850円
鶏ガラでとったスープは最後の1滴までおいしい

ちゃんぽん・皿うどんを お持ち帰りしましょう

長崎の味を家庭で手軽に食べられるように、麺とスープがセットになった「みろくや」のちゃんぽん・皿うどん詰め合わせ1490円（各2人前）。好きな具材を入れれば栄養満点です。
☎095-828-3698 **MAP**付録P7C3

皿うどん History

ちゃんぽんのバリエーションとして誕生し、太麺、中麺、細麺など麺の種類が多い。名前の由来は、誕生当時「深い器」に入っているはずの麺が「皿」にのっていたインパクトから。

満福のカレー皿うどん（細麺）950円
極細麺にカレー風味のあんが絡んで、一口食べれば後を引くおいしさ

[思案橋]
ちゅうか まんぷく
中華 満福

カレー味がやみつきに

思案橋横丁にあり、飲んだ後に立ち寄る地元の客も多い。根強い人気を誇るカレー味のちゃんぽんと皿うどんは絶品。

☎095-823-1029 **住**長崎市本石灰町5-1 **時**18〜24時（金・土曜は〜午前1時）**休**日曜 **交**電停思案橋から徒歩3分 **P**なし **MAP**付録P7C4

テーブル席3つとカウンター席あり

[新地中華街]
おうづる
王鶴

甘めのあんが特徴的な味わい

広東料理をベースに、日本人向けの味付けの中華料理を提供。東門（青龍門）すぐにある創業65年の老舗。
☎095-822-2668 **住**長崎市新地町12-3 **時**11時〜14時30分LO、17時〜20時30分LO **休**不定休 **交**電停新地中華街から徒歩3分 **P**なし **MAP**付録P8C1

特製皿うどん1600円
豚骨100%のスープにエビ、イカ、野菜などの具材が盛りだくさん

薄焼き玉子を巻いた春巻き（2本600円）もオススメ

[眼鏡橋]
めがねばし きょうらくえん
めがね橋 共楽園

麺と具材とスープが絡む炒め麺

ちゃんぽん麺を素揚げし、とろみのないスープを絡ませた焼きそばのようなそぼろ皿うどんは、隠れた名物。
☎095-822-8257 **住**長崎市古川町5-4 **時**11時〜14時30分LO、17時〜19時30分LO **休**火曜 **交**電停めがね橋から徒歩2分 **P**なし **MAP**付録P7C3

電停めがね橋近くの中島川沿いにある

そぼろ皿うどん（味付太麺）900円
スープのうま味が染み込んだモチモチ太麺が絶品

長崎の皿うどんは甘〜い味付けが特徴で、お店のテーブルには必ずソースが置かれています。お好みでソースをかけて味わってみてください。

長崎グルメは多種多様!
一度は食べたいあの店のあの味

まだまだあります長崎グルメ。トルコライス、茶碗蒸し、餃子…。
全国どこにでもあるメニューが、この街ではひと味違う新名物に。ぜひ長崎流をお試しあれ!

フレンチシェフが作る
伝統を引き継ぐ味

トルコ風ライス「昔ながらの」
1480円
ナポリタンとドライカレー、バターでソテーしたカツレツが一皿に!

カウンターと
テーブル席の
居心地のよい
店内

浜町
ぴすとろ ぼるどー
Bistro ボルドー

シェフの父親は、長崎名物トルコライスのルーツである「トルコ風ライス」の考案者。元祖のレシピをフレンチのシェフがアレンジしたトルコ風ライスが人気。飲み放題コースやワインなども充実。

☎095-825-9378 🏠長崎市浜町8-28浜町インポートビル2階 🕐11〜22時LO(ランチは〜17時) 🈺不定休 🚋電停思案橋から徒歩3分 🅿なし MAP付録P7C3

思案橋
うんりゅうてい ほんてん
雲龍亭 本店

長崎の味として定着している元祖一口餃子の店。豚ひき肉、タマネギ、ニラが入った特製のタネを自家製の皮に包み込み、注文を受けてから焼き上げるジューシーな餃子だ。

☎095-823-5971 🏠長崎市本石灰町2-15 🕐18〜23時 🈺日曜(祝日の場合は営業) 🚋電停思案橋から徒歩1分 🅿なし MAP付録P7C3

飲みの締めにもオススメ

プルプル食感の中から
大きな具材がゴロリ!

一口で2〜3個は
当たり前?!

茶碗蒸し
880円
茶碗蒸しと蒸しずしがセットになった「夫婦蒸し」1540円も人気

思案橋
よっそう ほんてん
吉宗 本店

慶応2年(1866)創業。穴子や白身魚、かしわなど10種類の具材が入った、丼ぶりサイズの茶碗蒸しが名物。吟味された素材とダシのうま味が伝統を感じさせる。

☎095-821-0001 🏠長崎市浜町8-9 🕐11〜20時LO 🈺月・火曜 🚋電停観光通から徒歩5分 🅿なし MAP付録P7C3

一口餃子1人前(10個)500円
餃子のタレには自家製にんにく入りラー油か柚子胡椒を

老舗の貫禄漂う赤い提灯
が目印

郷土料理を アレンジした 長崎サラダ

長崎の皿うどんでおなじみの細いパリパリ麺に、野菜や魚介類をのせてドレッシングで食べる「長崎サラダ」は、居酒屋で人気のメニュー。写真は、「いけ洲川正」の長崎サラダ770円。
☎095-807-5027 MAP 付録P7C4

思案橋横丁にあり、大きなのれんが目印

思案橋
しあんばし ひふみてい
しあんばし一二三亭

和風の一品料理に定評がある。そのなかでも登場から50年以上も愛され、長崎名物として定着しているのがおじや。トロトロ卵とゴマの香りがたまらない、一度食べたら忘れられない味。
☎095-820-9191 住長崎市本石灰町2-19
⏱11時30分〜14時、18時〜(閉店時間は日々変動、土曜は夜のみ) 休土曜の昼、日曜 交電停思案橋から徒歩2分 Pなし MAP 付録P7C4

ご飯と卵、ゴマ、ネギのすばらしいハーモニー

おじや 750円
3度炊きのご飯と卵でふっくら仕上がったおじやにゴマがたっぷり

眼鏡橋
かれーのみせ ゆうづき
カレーの店 夕月

丸い皿に三日月の形で盛られた赤いカレー「夕月カレー」が名物の店。ほどよい酸味とやさしい辛みのバランスがよく、ほかでは味わえない個性派カレー。
☎095-827-2808 住長崎市万屋町5-4-1階
⏱11〜19時(売り切れ次第閉店) 休不定休 交電停観光通から徒歩3分 Pなし MAP P7C3

賑やかなベルナード観光通りに面したビルの1階

創業昭和40年(1965)、地元に愛されてきたおにぎり

おにぎり 1個220円〜
Sランクの新潟県産コシヒカリと有明最高級の海苔を贅沢に使ったおにぎり。一番人気の具材は塩サバ

トマトペースのルーを三日月に盛るのが夕月風

夕月カレー 600円
カレーでは珍しいトマトペースのルーは、まろやかだけど深い味

思案橋
かにやどうざほんてん
かにや銅座本店

夜だけのおにぎり専門店で、飲んだ締めに立ち寄る常連客で賑わう。おにぎりの中身は33種類の具材から選べ、カウンターの職人さんが手早く握ってくれる。
☎095-823-4232 住長崎市銅座町10-2
⏱18時〜午前2時(金・土曜は〜午前3時) 休日曜(月曜が祝日の場合は日曜営業で月曜休み) 交電停観光通から徒歩2分 Pなし MAP 付録P7C4

ゆっくりくつろげる座敷

📖 長崎の料理は、日本(和)・中国(華)・西洋(蘭:オランダ)の文化が混じり合っているため、「和華蘭(わからん)」グルメとよばれています。

大衆魚から高級魚まで
とれたての魚を味わいましょう

海に囲まれた長崎は、漁獲量国内2位、魚種の豊富さでは日本有数です。
とれたてのおいしい魚を気軽にたっぷり味わいましょう。

**鯨の
ひとくちメモ**

鯨の肉は低カロリーで高タンパク質。コラーゲンが豊富で美容にも◎

**カタクチイワシの
ひとくちメモ**

イワシのなかでも新鮮なカタクチイワシの刺身は最もおいしいといわれている

**各種地魚の刺身・
イカの活造り等**

※当日の漁の状況などにより提供できない場合あり

**鯨の盛り合わせ三点盛2090円
鹿の子 1人前2090円
鯨のシャキシャキ鍋 1人前小鍋1210円**

野菜とちゃんぽんが入ったうす味仕立ての鍋は、ぞうすいにすると2度おいしい

思案橋

ざこや ながさきしあんばしてん

雑魚屋 長崎思案橋店

種類豊富な活魚が泳ぐ生簀は
まるで海の宝箱のよう

長崎近郊の海でとれた活魚を地元業者から直接仕入れており、新鮮さは抜群。魚種も豊富で、普段食せないような珍しい魚や旬の魚、郷土料理などがリーズナブルに楽しめる。

☎095-818-3838 ⿃長崎市本石灰町5-10 ⏰11時30分〜14時30分LO、17時30分〜23時（変更あり）❎無休 🚋電停思案橋から徒歩1分 🅿なし
📍付録P6D4

①店内に置かれた大型水槽で泳ぐカタクチイワシは刺身でも食べられる ②カウンター席のほかテーブル席と個室も

思案橋

くじらりょうり かっぽう とんぼ

鯨料理 割烹 とんぼ

鯨肉卸の専門店が
経営する鯨料理店

鯨料理と、四季折々の食材を生かした創作料理が自慢の家庭的な割烹店。今では高級食材となった鯨も長崎では気軽に食べられる。鯨料理のほかにお手軽な一品料理も豊富。

☎095-820-8234 ⿃長崎市銅座町11-13 ⏰18時〜21時30分LO、22時閉店 ❎不定休 🚋電停観光通から徒歩3分 🅿なし 📍付録P7C4

①店内には掘りごたつ席とカウンター席がある ②くじらカツ935円、竜田揚1045円など鯨メニューが豊富

長崎港を眺めながら
新鮮地元ネタがのった
海鮮丼を堪能

長崎出島ワーフの人気居酒屋「海鮮市場長崎港（かいせんいちばながさきこう）」では、新鮮魚介をふんだんにのせた丼メニューが13種。長崎産のネタのみをトッピングした「地げ丼」1892円は絶品です。
☎095-811-1677 **MAP**付録P7A3

**ザッコ海老の
ひとくちメモ**
芝エビのことをいい、特に茂木漁港にあがったものが新鮮で美味

**ウチワエビの
ひとくちメモ**
扇形をした小型のエビ。淡白な味わいは伊勢エビにも劣らない

**ザッコ海老の唐揚げ 450円
刺身の盛り合わせ 1人前1200円〜**
（写真は2人前）
カラッと揚げた茂木産のザッコ海老は最高の味。地元の旬の魚の刺身も必食。

呑のおすすめコース 3850円
（写真はコースの一部）
刺身盛り、海老の塩焼きなど全11品のコース（仕入れ、天候により変更あり）

眼鏡橋
そうさいしゅぜん かぜとつき
創彩酒膳 風と月

新鮮な魚はもちろん
県産酒にもこだわる大人の店

和の風情漂うアルコア中通りにある地元で評判の居酒屋。刺身の盛り合わせや魚の塩焼きなど新鮮な魚を使った料理が中心。落ち着いた雰囲気で、県産酒などお酒の品揃えもよい。
☎095-895-7173 **住**長崎市東古川町1-11 **時**11時45分〜14時15分、17時〜22時30分 **休**日曜 **交**電停めがね橋から徒歩3分 **P**なし **MAP**付録P6D3

1カウンター席とテーブル席、個室もある店内 **2**浜町のアーケードからすぐのアルコア中通りに面する

思案橋
どうざ どん
銅座 呑

厳選素材を丁寧に料理した
山海の幸に舌鼓

長崎産の旬の食材を生かした料理が自慢。人気のコースには、刺身盛りをはじめエビやオコゼなどの高級魚を惜しげもなく使用。鯨肉の刺身盛り1人前2750円もオススメ。大広間や、堀りごたつの個室もある。
☎095-829-3788 **住**長崎市銅座町14-15-2階 **時**18〜22時LO（日曜・祝日は21時30分LO） **休**火曜 **交**電停観光通から徒歩3分 **P**なし **MAP**付録P7C3

1カウンター席の前に置かれたネタケースには日替わりで新鮮な魚介類がズラリ **2**個室には椅子席もある

あまり知られていませんが、長崎はハモの水揚げも多く、夏には身の厚いおいしいハモ料理が堪能できます。

甘くておいしい長崎ならではのスイーツでひと休み

鎖国時代、貿易品の砂糖が豊富だったことから、菓子文化が花開いた長崎。
老舗のケーキからカフェのティラミスにいたるまで、長崎らしさがあふれています。

✿ 長崎ならではの決め手
長崎では「飲む」ではなく「食べる」感覚！

> シャリシャリ感がたまらない

ミルクセーキ
780円
練乳のコクとレモンのさわやかさが絶妙にマッチし後味さっぱり

思案橋
つるちゃん
ツル茶ん

大正14年（1925）に創業した九州最古の喫茶店。トルコライスやミルクセーキなど長崎名物が味わえる店として知られる。

☎095-824-2679 住長崎市油屋町2-47 時10〜21時LO 休無休 交電停思案橋から徒歩2分 Pなし MAP付録P6D3

レトロな雰囲気に包まれる店内

思案橋
ばいげつどう ほんてん
梅月堂 本店

明治27年（1894）に和菓子司として始まり、昭和30年（1955）に3代目が考案したケーキが長崎の定番スイーツとして定着し、洋菓子店に。

☎095-825-3228 住長崎市浜町7-3 時11〜17時LO 休無休 交電停観光通から徒歩2分 Pなし MAP付録P7C3

長崎で人気の老舗洋菓子店

✿ 長崎ならではの決め手
昔ながらの長崎版ショートケーキ

> 昭和中期に誕生！

シースクリーム
458円
しっとりとしたスポンジに、まろやかでコクのある生クリームがたっぷり

✿ 長崎ならではの決め手
パワースポット・おすわさんで食べられる

> 大きめで満足感たっぷり！

お諏訪のぼた餅セット
630円
甘さ控えめで素朴な味わいのこし餡ときな粉のぼた餅

諏訪神社
つきみちゃや
月見茶屋

明治18年（1885）創業以来、諏訪神社への参拝客の休み処として親しまれている。名物のぼた餅やうどんが人気。

☎095-822-6378 住長崎市上西山町19-1 時10〜16時（土・日曜、祝日、毎月1・15日は9〜17時） 休水曜（1・15日、祝日が水曜の場合は翌日） 交電停諏訪神社から徒歩5分 P神社駐車場利用 MAP付録P6D1

「長崎くんち」で有名な諏訪神社の境内にある

長崎名物・カステラとアイスのコラボが人気です

手焼きカステラに特製バニラアイスを挟んだ長崎カステラアイス1個350円は、老舗洋菓子店「ニューヨーク堂」の人気商品で、ビワ、コーヒーなど7種類の味を楽しめます。☎095-822-4875 **MAP**付録P6D3

❖ 長崎ならではの決め手
創業当時のまま忠実に作られる生クリームをたっぷりサンド

お店自慢のサンドイッチ

フルーツサンド
980円（6切）
昔と変わらず生クリームとフルーツの相性がよい一品。テイクアウトは1000円

眼鏡橋
かふぇ ぶりっじ
cafe Bridge

大きな窓からは眼鏡橋が眺められ、テラス席もある

チョコレート伝来の地・長崎で、オリジナルチョコレートを販売するチョコレートハウス「Spectacle」のカフェスペース。カステラ生地を使ったパンケーキやティラミスなど、長崎らしいオリジナルメニューが人気。

☎095-895-5071 **住**長崎市魚の町7-17みやまビル1階 **時**11～18時 **休**水曜 **交**電停めがね橋から徒歩4分 **P**なし **MAP**付録P6D2

長崎駅
かふぇあんどばー うみの
カフェ&バー ウミノ

老舗の喫茶店。サイフォンで淹れるコーヒーや自家製生クリームを使ったフルーツサンドや食べるミルクセーキが楽しめる。

☎095-829-4607 **住**長崎市尾上町1-1JR長崎駅ビルアミュプラザ長崎5階 **時**11時～21時15分LO **休**無休 **交**JR長崎駅直結 **P**アミュプラザ提携駐車場800台 **MAP**付録P7B1

買い物途中の休憩タイムに便利

❖ 長崎ならではの決め手
時間をかけて焼き上げたふわふわ食感にうっとり

生クリームとシロップの相性が抜群

メープルパンケーキ
850円
無添加にこだわり、とれたての新鮮な卵と牛乳で作ったふわふわパンケーキ

アツアツもちもちの幸せ

❖ 長崎ならではの決め手
直径7～8cmのビッグサイズとこし餡のおいしさにビックリ！

大徳寺焼餅
4個700円
時間をかけて作られる、こだわりのこし餡がたっぷり入った焼餅

思案橋
しにせきくすい だいとくじ
老舗菊水 大徳寺

大徳寺公園入口にある140年以上続く店。注文を受けてから焼く焼餅は、昔から変わらぬ材料で味もそのまま。

☎095-826-9566 **住**長崎市西小島1-1-7 **時**10～16時 **休**火曜 **交**電停思案橋から徒歩8分 **P**なし **MAP**付録P7C4

老舗店らしい看板や店構え

愛され続けてます
ひと味違う老舗のカステラ

数あるお菓子のなかでも、特別な響きと存在感をもつ長崎名物のカステラ。
秘伝の技で焼き上げる老舗の名品に加え、新しい味も続々登場しています。

カステラ
小切れ0.6号1323円
小切れ1号2079円
しっとりした味わいとふくいく
とした香りは、老舗ならでは

長崎カステラ
0.7号1426円
1号1782円
やわらかいため背が低
く、しっとりもちもちとし
た食感が特徴

三種類の特撰カステラ
3本入り（和三盆＋お濃茶＋黒糖）
4536円、単品各1512円
阿波和三盆糖・ざらめ糖、福岡八
女産のお濃茶、沖縄産の黒糖を
用いた特撰カステラ詰め合わせ

思案橋
ふくさやほんてん
福砂屋本店  —

幸福の象徴・コウモリが目印

創業は寛永元年（1624）。中国で幸
運の印とされるコウモリを商標とし、
卵と砂糖の配合に工夫を凝らした
「特製五三焼カステラ」を創案したこ
とでも有名。
☎095-821-2938 🏠長崎市船大工町3-1
🕐9時30分〜17時 休水曜 🚉電停思案橋
から徒歩2分 🅿3台 MAP付録P7C4
●ココでも購入可：長崎空港 長崎駅

出島
ぶんめいどうそうほんてん
文明堂総本店 二

明治33年（1900）創業の人気店

全国的に有名な文明堂のカステラ。
その本家、発祥となるのが、長崎の
文明堂総本店。伝統を守り、独自の
製法を今に伝えている。
☎095-824-0002 🏠長崎市江戸町1-1
🕐9〜18時(変動の可能性あり) 休無休 🚉
電停大波止からすぐ 🅿なし MAP付録
P7B3
●ココでも購入可：長崎空港 長崎駅

眼鏡橋
いわながばいじゅけん
岩永梅寿軒 三

数量限定の手作りカステラ

創業は天保元年（1830）。季節の生
菓子や、求肥と昆布のお菓子「もしほ
草」240ｇ810円〜が人気。カステ
ラは手作りのため数量限定。
☎095-822-0977 🏠長崎市諏訪町7-1
🕐10〜16時 休日・火・木曜(火・木曜は不定
休) 🚉電停めがね橋から徒歩5分 🅿なし
MAP付録P6D3

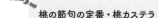

カステラHistory

江戸時代、長崎に渡来したポルトガル人からスペインのカスティーラ国のパンとして、その製法が長崎の人に伝えられたのが始まりです。

桃の節句の定番・桃カステラ

長崎で桃の節句のお菓子といえば桃カステラ。最近は一年中販売している店もあります。写真は「万月堂」の桃カステラ1個920円。☎095-893-8833 **MAP** 付録P6D3

四

カステラ、チョコラーテ
各5切れ0.3号648円
やわらかくしっとりと上品な甘さの、長崎カステラならではの口当たり

五

きれか
綺麗菓
個包装詰合せ 6袋
蜂蜜×大納言、抹茶×大納言
各3袋入 1300円
美しい二層のカステラ。名称は長崎の方言で「きれいな」を意味する

六

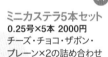

ミニカステラ5本セット
0.25号×5本 2000円
チーズ・チョコ・ザボン・プレーン×2の詰め合わせ

眼鏡橋
しょうおうけん
松翁軒 四

2階ではイートインも可能

天和元年（1681）創業の老舗ながら、明治中期にはすでにチョコレートを用いたカステラを作り出していたという。2階には喫茶セヴィリヤも。

☎095-822-0410 住長崎市魚の町3-19
⏰9～18時（喫茶セヴィリヤは11～17時）休無休（カフェは月曜、木曜不定休）交電停市役所からすぐ P2台 **MAP** 付録P6D2
●ココでも購入可：長崎空港 長崎駅

南山手
いずみやおらんだぶっさんかん
和泉屋オランダ物産館 五

独創的で美しいカステラスイーツ

カステラをチョコレートで包んだ「長崎しょこらあと」3切入り480円や二層のカステラ「綺麗菓」など、独創的なカステラスイーツを提供している。

☎095-820-5511 住長崎市相生町9-8
⏰9時～17時30分 休無休 交電停大浦天主堂から徒歩5分 Pなし **MAP** 付録P8B3
●ココでも購入可：長崎空港 長崎駅

南山手
せいふうどう ぐらばーえんどおり
清風堂（グラバー園通り） 六

チーズカステラが人気の店

看板商品は、修学旅行生の要望から誕生したというチーズカステラ。チーズ味以外にも、独自の製法で多彩な味わいを提供している。チーズカステラは、冷やして食べるのもおすすめ。

☎095-825-8541 住長崎市南山手町2-6
⏰9～18時 休無休 交電停大浦天主堂から徒歩5分 Pなし **MAP** 付録P8B3

 老舗のカステラ店に行くと目にする「五三焼」は、卵黄などを通常より贅沢に使って焼く高級カステラのことです。

伝統とセンスが光る
街で見つけた長崎アイテム

ステンドグラスや手作り小物など、カラフルな長崎アイテムは、
大切な人へのおみやげにぴったりです。

ガラスや花の
モチーフがいっぱい

キャンドルスタンド
3300円
光を当てると幻想的
な模様が ❶

ステンド
キャンドルホルダー
4840円
キャンドル（別売）の灯りが
ともるとさらに輝きを増す ❶

万華鏡
2550円
製作体験ができ、オリ
ジナルの万華鏡を持
ち帰りできる ❷

ボタンボックス
2200円
ガラスのボタンが
ポイント ❶

六角ポッペン
1個990円
ポッペンはガラス
細工でできた郷土
玩具。吹くと「ぽっ
ぺん♪」というかわ
いい音が出る ❶

ステンド風ストラップ／
ステンドキーホルダー
1540円（左）、1100円（右）
教会をモチーフにしたストラ
ップはおみやげにも◎ ❶

ひとしずく一輪挿し
3850円
美しいフォルムで手ざわ
りもなめらかな逸品 ❷

南山手
ぐらすろーどいちごなないち
グラスロード1571 ❶

グラバー園や大浦天主堂そばに位置
するガラス専門店。長崎ならではの
異国情緒漂うガラス製品を扱う。
☎095-822-1571 住長崎市南山手町2-11
⏰9時30分〜18時 休
無休 交電停大浦天主
堂から徒歩5分 Pな
し MAP付録P8B3

南山手
るりあん
瑠璃庵 ❷

ガラス製品の製作工房。吹きガラス
やガラスペンダント、万華鏡などの製
作体験も可能（いずれも要予約）。
☎095-827-0737 住長崎市松が枝町5-
11 ⏰9〜18時 休火
曜 交電停大浦天主堂
から徒歩3分 P2台
MAP付録P8A3

出島
ながさきざっかたてまつる
長崎雑貨たてまつる ❸

長崎の歴史や風景をモチーフにした
和雑貨を扱う店。オリジナルの手ぬぐ
いや、トートバッグなどが人気。
☎095-827-2688 住長崎市江戸町2-19
⏰10時〜18時30分
休火曜 交電停西浜町
から徒歩5分 Pなし
MAP付録P7B3

旅の思い出に長崎から便りを出してみよう

長崎オリジナルのレターセットやマスキングテープ、スタンプなどを販売する「てがみ屋」。店内で手紙が書けるスペースもあります。
☎095-825-7519 **MAP** 付録P8B3

たてま手ぬ 各1320円
長崎の歴史や四季の風景などをモチーフにした手ぬぐいは約60種類 ❸

桃かすてら手ぬぐい 1100円
桃の節句にいただく桃かすてら。かわいらしさで人気 ❹

陶器のマグネット
1個1000円〜
5cmほどのマグネット。京都で修行した女性絵付け師が描く長崎の風景は繊細で美しい ❻

長崎タオルハンカチ
各770円
教会やカステラなど長崎名物をワンポイント刺繍したガーゼ生地のタオルハンカチ。全4種類 ❺

ナガサキもって 5500円
手ぬぐいを使った軽くて丈夫なトートバッグ ❸

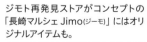

長崎風物おはじき
1箱2750円（20ピース入り）
土の素焼きで作ったおはじきに長崎の風物が満載 ❹

そえぶみ箋
各385円
カステラや教会など長崎にちなんだ絵柄。全25種類。和紙の手ざわりも心地よい ❺

寺町
なかのやはたてん
中の家旗店 ❹

創業大正10年（1921）の老舗染物店。おしゃれな和小物を多数取り揃えている。☎095-822-0059 住長崎市鍛冶屋町1-11 ◉9時〜18時30分（日曜、祝日は10時30分〜17時）休無休 交電停思案橋から徒歩2分 Ｐなし **MAP** 付録P6D3

浜町
いしまるぶんこうどう
石丸文行堂 ❺

ジモト再発見ストアがコンセプトの「長崎マルシェ Jimo（ジーモ）」にはオリジナルアイテムも。
☎095-828-0140 住長崎市浜町8-32 ◉10時30分〜19時 休不定休 交電停観光通から徒歩2分 Ｐなし **MAP** 付録P7C3

長崎駅
とうさい はなとかぜ
陶彩 花と風 ❻

長崎県出身のろくろ師と絵付け師が作る、長崎の風景が描かれた美しい陶器の数々はおみやげにも最適。
☎095-807-6854 住長崎市立山1-1-1長崎歴史文化博物館2階工房 ◉9〜18時 休月曜 交JR長崎駅より徒歩10分 Ｐ62台（有料）**MAP** 付録P7C1

📖 定番の長崎みやげといえば、「ビードロ（＝ポッペン）」。そもそもは「ガラス」を意味するポルトガル語で、年初に吹いて厄を払っていたそうです。

長崎市街のホテル

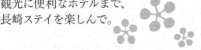

異国情緒あふれる雰囲気のホテルから、
眺望抜群の高台にあるホテル、
観光に便利なホテルまで、
長崎ステイを楽しんで。

長崎駅周辺

じぇいあーるきゅうしゅうほてるながさき
JR九州ホテル長崎

観光拠点として抜群の立地
ショップやレストランが入ったショッピングモールの「アミュプラザ長崎」の上層階にあり、買い物や食事にも便利。空港行きバスターミナルまで徒歩2分という近さで利便性も抜群。**DATA**☎095-832-8000 ⓗ長崎市尾上町1-1 ¥Ⓢ7800円～ Ⓣ1万7000円～ ⓘIN14時/OUT10時 ⓧJR長崎駅東口より徒歩3分 ⓟ提携駐車場アミュプラザ長崎（1泊1000円）⚑全144室 ●2000年開業、2013年改装 **MAP**付録P7A1

長崎駅周辺

ほてるにゅーながさき
ホテルニュー長崎

上質で快適なホテルステイ
JR長崎駅の隣に立つ地上13階のシティホテル。スイートルームをはじめとした落ち着いた雰囲気の客室や、地産地消にこだわった和洋中の直営レストランなども充実している。**DATA**☎095-826-8000 ⓗ長崎市大黒町14-5 ¥Ⓣのシングルユース2万1780円～ Ⓣ3万1460円～ ⓘIN15時/OUT11時 ⓧJR長崎駅からすぐ ⓟ70台（1泊1500円）⚑全153室（Ⓦ6・Ⓣ145・和室2）**MAP**付録P7B1

長崎駅周辺

ほてるくおーれながさきえきまえ
ホテルクオーレ長崎駅前

ビジネスに観光に便利な交通環境
ホテルから徒歩2分圏内にJR・空港シャトルバス・高速バス・路面電車などの交通機関あり。最上階の女性専用フロア（禁煙）は、セキュリティやアメニティも充実。**DATA**☎095-818-9000 ⓗ長崎市大黒町7-3 ¥Ⓢ6800円～ Ⓣ1万1000円～ ⓘIN15時/OUT10時 ⓧJR長崎駅から徒歩2分 ⓟ提携駐車場102台（1泊1200円）⚑全161室（Ⓢ124・Ⓦ13・Ⓣ23・バリアフリールーム1）●2005年開業 **MAP**付録P7B1

長崎駅周辺

えすぺりあほてるながさき
エスペリアホテル長崎

自分の家にいるようなくつろぎを
上質でスタイリッシュな設備が整ったくつろぎのホテル。客室は、バスルーム、トイレ、洗面所がそれぞれ独立した新しいタイプで宿泊者に好評。空港リムジン大波止バス停にも近くアクセス良好。**DATA**☎095-826-1211 ⓗ長崎市五島町5-35 ¥Ⓢ6000円～ Ⓣ9000円～ ⓘIN15時/OUT11時 ⓧJR長崎駅から徒歩10分 ⓟ契約駐車場18台（1泊1000円）⚑全155室（Ⓦ89・Ⓣ63・その他3）●2008年開業 **MAP**付録P7B2

長崎駅周辺

ざ ぐろーばる びゅー ながさき
THE GLOBAL VIEW 長崎

最上級のもてなしで至福のときを
長崎駅（西口）から徒歩7分と市内観光に便利な場所に位置する。ゆったりとした客室には大きめのベッドが置かれ、のんびりとくつろげる。全室6階以上のハイフロアー客室で夜景を満喫できる。**DATA**☎095-821-1111 ⓗ長崎市宝町2-26 ¥Ⓢ1万7000円～ Ⓣ2万8000円～ ⓘIN15時/OUT11時 ⓧJR長崎駅から徒歩7分 ⓟ62台（1泊1500円）⚑全181室（Ⓢ3・Ⓦ42・Ⓣ114・その他22）●2005年開業 **MAP**付録P4B3

長崎駅周辺

ひるとんながさき
ヒルトン長崎

利便性と機能性に優れたホテル
最新の機能性と快適空間を兼ね備えたラグジュアリーホテル。ゆとりのある客室を用意し、4つのレストラン＆バーやジム、温浴など施設も充実。オールデイダイニングレストラン「ディ・バート」のビュッフェがおすすめ。**DATA**☎095-829-5111 ⓗ長崎市尾上町4-2 ¥Ⓦ2万2520円～ Ⓣ2万9060円～ ⓘIN15時/OUT11時 ⓧJR長崎駅から徒歩1分 ⚑全200室（Ⓦ42・Ⓣ158）●2021年開業 **MAP**付録P7A1

思案橋

びくとりあ・いんながさき
ビクトリア・イン長崎

ゆったりとくつろげる空間を
思案橋の繁華街や新地中華街は徒歩圏内と、交通アクセスも便利な市内中心部にある。ロビーや客室はアンティークな家具に囲まれ、シックで贅沢な空間づくりになっている。**DATA**☎095-828-1234 ⓗ長崎市銅座町6-24 ¥Ⓢ1万6100円～ Ⓣ2万6600円～ ⓘIN15時/OUT10時 ⓧ電停観光通からすぐ ⓟ契約駐車場あり（1泊1300円）⚑全87室（Ⓢ39・Ⓦ10・Ⓣ32・その他6）●2005年改装 **MAP**付録P7C3

新地中華街周辺

でじまのゆ どーみーいんながさきしんちちゅうかがい

出島の湯 ドーミーイン長崎新地中華街

超軟水の大浴場で癒やしを

新地中華街の正面に位置し観光地へのアクセスも抜群。超軟水を使用した、男女別大浴場は肌ざわりがよいと人気。全客室には、シモンズ社のベッドを設置し快眠を提供している。**DATA**☎095-820-5489 **住**長崎市銅座町7-24 **¥S**8100円～ **T**1万2200円～ **⏰**IN15時/OUT11時 **交**電停新地中華街から徒歩3分 **P**32台（1泊1000円）※ホテル隣接の提携駐車場 **室**全211室（**S**7・**W**110・**T**54・その他40）●2010年開業 **MAP**付録P8C1

思案橋

りっちもんどほてるながさきしあんばし

リッチモンドホテル長崎思案橋

繁華街にある上質で優雅なホテル

思案橋歓楽街にあり有名料亭や老舗カステラ店なども徒歩圏内。客室はゆったりとしたくつろぎの空間を演出し設備も充実。2023年7月のリニューアルオープン。**DATA**☎095-832-2525 **住**長崎市本石灰町6-38 **¥S**8000円～ **T**1万3000円～ **⏰**IN14時/OUT11時 **交**電停思案橋から徒歩1分 **P**115台（1泊1000円）**室**全202室（**S**125・**W**20・**T**56・その他1）●2007年開業 **MAP**付録P6D4

東山手

ほてるもんとれながさき

ホテルモントレ長崎

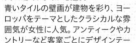

レトロなインテリアも魅力

青いタイルの壁画が建物を彩り、ヨーロッパをテーマとしたクラシカルな雰囲気が女性に人気。アンティークやカントリーなど客室ごとにデザインテーマがある。(2024年1月～2月まで改修工事のため休館予定)**DATA**☎095-827-7111 **住**長崎市大浦町1-22 **¥S**1万2000円～ **T**2万3000円～ **⏰**IN15時/OUT11時 **交**電停大浦海岸通からすぐ **P**26台（1泊1500円）**室**全123室（**S**64・**T**59）●2009年改装 **MAP**付録P8B2

南山手

えーえぬえーくらうんぷらざほてるながさきぐらばーひる

ANAクラウンプラザホテル長崎グラバーヒル

南山手付近の観光に便利

大浦天主堂やグラバー園をはじめとした、教会や洋館が立ち並ぶ南山手にたたずむホテル。ホテル内のレストランでは、くつろぎの空間でご当地グルメを楽しむことができる。**DATA**☎095-818-6601 **住**長崎市南山手町1-18 **¥S**1万4060円～ **T**2万8800円～ **⏰**IN15時/OUT11時 **交**電停大浦天主堂から徒歩1分 **P**40台 **室**全215室（**S**38・**T**160・その他17※部屋タイプ各種）●2023年一部客室改装 **MAP**付録P8B3

浜町

ほてるふぉるつぁながさき

ホテルフォルツァ長崎

全館禁煙、種類豊富な朝食も人気

長崎一の繁華街、浜市アーケード内にあり、機能性を兼ね備えた独創的なデザインで、居心地がよく、よい目覚めを約束する。多彩な部屋タイプで快適なステイを実現。**DATA**☎095-816-2111 **住**長崎市浜町4-11ハマクロス411-4F **¥S**7000円～ **T**1万2000円～ **⏰**IN15時/OUT11時 **交**電停観光通からすぐ **P**近くに提携駐車場あり（1泊1200円～）**室**全175室（**S**14・**W**125・**T**35・ユニバーサル1）●2014年開業 **MAP**付録P7C3

稲佐山周辺

いなさやまおんせんほてるあまんでぃ

稲佐山温泉ホテルアマンディ

温泉と世界新三大夜景でリフレッシュ

昼は長崎港の陽光、夜は美しい夜景と時間ごとに移りゆく情景が楽しめる。バリ島をイメージしたバリ風露天風呂や温泉、夜景を眺めながら食事を楽しめるレストラン（☞P59）、エステなどのリラクゼーション施設が充実しているのもうれしい。**DATA**☎095-862-5555 **住**長崎市曙町39-38 **¥SW**9000円～ **⏰**IN15時/OUT10時 **交**JR長崎駅から車で8分 **P**120台 **室**全19室（**W**6・**T**10・その他3）●2009年開業 **MAP**付録P5A4

稲佐山周辺

るーくぷらざほてる

ルークプラザホテル

ロマンチックな夜景を堪能

世界新三大夜景の一つ、稲佐山の夜景が目の前に広がる絶好のロケーション。洗練された設備が整ったくつろぎの客室など、癒やしを追求したモダンラグジュアリーホテル。レストランやバーからも極上の夜景が楽しめる。**DATA**☎095-861-0055 **住**長崎市江の浦町17-15 **¥T**1万9800円～（シングルユースの場合も同じ）**⏰**IN14時/OUT11時 **交**JR長崎駅から車で8分 **P**90台 **室**全87室（**T**79・その他8）●2007年改装 **MAP**付録P5A4

稲佐山周辺

がーでんてらすながさきほてるあんどりぞーと

ガーデンテラス長崎ホテル&リゾート

開放感あふれるオーシャンビュー

建築家・隈研吾氏デザインの洗練された大人のリゾートホテル。全室テラス付きの客室からは、長崎港が目の前に広がり長崎の1000万ドルの夜景を一望。4～10月は宿泊者専用屋外プールもある。長崎の旬の食材を堪能できるレストランディナー（☞P59）もオススメ。**DATA**☎095-864-7777 **住**長崎市秋月町2-3 **¥T**8万6000円～（1室）**⏰**IN16時/OUT12時 **交**JR長崎駅から車で15分 **P**140台 **室**全36室（**T**33・その他3）●2009年開業 **MAP**付録P5A4

長崎ステイ ●長崎市街のホテル

※**S**…シングル、**W**…ダブル、**T**…ツインの料金は1室あたりの室料です。宿泊料金はオフシーズン平日の最低料金です。

廃墟となって存在する
産業遺産「軍艦島」へ上陸

世界文化遺産に登録された軍艦島。
海底炭鉱の「今」を見に行きましょう！

上陸記念にもらえます

今回参加したツアーはコチラ！

軍艦島上陸コース
やまさ海運（要予約）
☎095-822-5002
¥4200円（別途端島使用料310円）🕘9時・13時発（所要2時間30分）
集合場所 長崎港ターミナルビル1階7番切符売り場 交電停大波止から徒歩5分 MAP付録P7A3

かつては日本初の鉄筋コンクリートアパートや学校、病院、映画館などもあったという

軍艦島ってこんなところ

ここから上陸

第3見学広場 / 30号棟アパート / 第二堅抗口桟橋跡 / 潮降り街 / プール跡 / 児童公園 / 端島小中学校 グラウンド / 見学通路 / 貯炭場 / 資材倉庫 / 積込桟橋橋台 / 総合事務所 / ドルフィン桟橋 / (旧)積込桟橋橋台 / 第2見学広場 / 第1見学広場

上陸にはツアー参加が必須

かつての炭鉱の繁栄を今に伝える産業遺産

長崎港から約18kmの海上に浮かぶ周囲約1.2kmの半人工島、端島。かつては炭鉱の島として栄え、島影が戦艦「土佐」に似ていることから「軍艦島」とよばれていた。最盛期には5000人以上の人が暮らしていたが、石油へとエネルギー政策が転換し、徐々に衰退。昭和49年（1974）に閉山し無人島となった。（天候などの理由で上陸できない場合あり）
MAP付録P3B4

その他のツアー（要予約）

軍艦島上陸・周遊ツアー
軍艦島コンシェルジュ
☎095-895-9300
¥5000円〜（別途端島使用料310円）🕘10時30分・13時40分発（所要2時間20分）集合場所 軍艦島デジタルミュージアム 交電停大浦天主堂から1分 MAP付録P8B2

端島（軍艦島）上陸クルーズ
高島海上交通
☎095-895-8410
¥3600円（別途端島使用料310円）🕘Aコース9時10分発、Bコース14時発（所要3時間）集合場所 高島海上交通事務所 交電停大波止から徒歩3分 MAP付録P7B2

軍艦島クルージング
シーマン商会
☎095-818-1105
¥3900円（別途端島使用料310円）🕘10時30分・13時40分発（所要2時間30分）集合場所 常盤2号桟橋 交電停大浦海岸通から徒歩2分 MAP付録P8A2（集合場所）

昔の様子
賑わっていた当時の共同住宅。中央には公園があり、子どもたちの遊ぶ様子を住民たちが見守っていた

炭鉱時代を物語る資料を展示

軍艦島の北にある高島も、かつては石炭産業が盛んだった島です。現在は「高島石炭資料館」が設置されています。☎095-896-3110（高島地域センター）**MAP**付録P3B4

上陸ツアーに参加！

出発！

大波止にある長崎港ターミナルを出発。軍艦島までは30分の船旅

長崎港の風景もステキ

長崎市西部と南部をつなぐ斜張橋。長崎の新名所である女神大橋をくぐる

右手に見えてくるのが神の島教会。岬には聖母像が立ち、船の安全を祈っている

長崎は造船の町。港の両岸に大小の造船所が立ち並び、大きなドックも見える

いざ上陸！

第1見学広場
貯炭場や従業員住宅跡、主力坑だった第二竪坑坑口桟橋跡などを見ることができる

到着！

上陸は「ドルフィン桟橋」から

あっ、見えた！

もうすぐ到着！間近で見ても軍艦ソックリ

軍艦島History

文化7年（1810）	石炭発見
明治2年（1869）	開坑着手
明治23年（1890）	三菱社が買収
大正5年（1916）	日本初の鉄筋高層アパート完成
昭和35年（1960）	最高の人口を記録
昭和49年（1974）	閉山

廃虚の島ってミステリアス

第2見学広場
共同浴場なども入っていた総合事務所。ほかにも事務棟などが立ち並んでいた

第3見学広場
日本最古の鉄筋コンクリート高層アパート。海に囲まれながらも波が高く泳ぐことができなかったため、プールもあった

軍艦島への上陸はツアーへの参加が必須。また、天候などで上陸できない場合や、ヒール靴は不可など諸条件もあるので、事前に確認を。

日本の近代化の先駆け
長崎に残る産業革命遺産

明治時代、造船や炭鉱など様々な分野で日本の近代化を促した長崎。
その足跡をたどると、経済大国日本の原点に出合えます。

世界文化遺産に登録されています

幕末から明治にかけて飛躍的に発展した日本 長崎では各分野で日本初の事業が行われた

平成27年(2015)に世界文化遺産に登録された「明治日本の産業革命遺産 製鉄・製鋼、造船、石炭産業」は、近代化の足跡が感じられる23の資産で構成され、長崎には8資産がある。明治期に活躍したグラバーや三菱の創始者である岩崎彌太郎の功績は大きく、造船や炭鉱、電信、鉄道など、各分野で日本初の事業が行われた。

〔長崎の構成資産〕
■長崎造船所小菅修船場跡
■長崎造船所第三船渠(非公開)
■長崎造船所ジャイアント・カンチレバークレーン(非公開・右写真)
■長崎造船所旧木型場
■長崎造船所占勝閣(非公開)
■高島炭坑
■端島炭坑(軍艦島)
■旧グラバー住宅

① 端島炭坑(軍艦島 ☞P76) ② 旧グラバー住宅(☞P26)

ながさきぞうせんしょこすげしゅうせんばあと
長崎造船所小菅修船場跡

日本初の洋式近代的ドック

グラバーがイギリスから最新機器を取り寄せて明治元年(1868)に完成。日本最初の洋式スリップ・ドックで、船を引き揚げるための木製の船架がそろばんに見えたので、通称「ソロバンドック」といわれている。曳揚小屋は現存する日本最古の煉瓦造りの建物。※現在、保存整備工事中のため見学エリア規制中。

☎095-828-4134(三菱重工長崎造船所史料館)🏠長崎市小菅町 💰⏰休見学自由(曳揚小屋内部は非公開)🚌バス停小菅町より徒歩5分 MAP付録P5B6

ながさきぞうせんしょきゅうきがたば
長崎造船所旧木型場

長崎造船所最古の建物

明治31年(1898)鋳物工場に併設の木型場として建設されたもので、現在は「三菱重工長崎造船所史料館」として、タービン・ボイラーなどの機械類や写真・史料が展示されている。三菱の創始者で坂本龍馬と親交のあった岩崎弥太郎の資料も充実。※史料館は現在、建物工事のため休館中。

☎095-828-4134(三菱重工長崎造船所史料館)🏠長崎市飽の浦町1-1 🚌バス停飽の浦より徒歩3分 MAP付録P5A5

たかしまたんこう
高島炭坑

日本の石炭産業の礎

高島炭鉱の北渓井坑は、英国人技師モーリスを招き日本最初の蒸気機関による立坑として開坑。1日に300トンの出炭量を記録したとされる。明治9年(1876)海水の浸入により廃坑となったが、現在も高島には、北渓井坑跡など立坑の坑口が残っている。

☎095-896-3110(長崎市高島地域センター)🏠長崎市高島町99-1 💰⏰休見学自由 🚌高島港ターミナルから徒歩25分または本町バス停すぐ MAP付録P3B4

ハウステンボスで中世ヨーロッパの街並みをのんびり散策

四季折々美しい花風景を楽しめるハウステンボス。
場内には運河が広がり、お城のような建物が立ち並びます。
さわやかな朝のさんぽからロマンチックな夜のライトアップまで
一日中めいっぱい散策を楽しみましょう。

いつ訪れても楽しい ハウステンボスを旅しましょう

四季の花々と美しいイルミネーションに彩られた滞在型リゾート。
癒やしとエンターテインメントの街は、ゆっくり時間をかけて満喫しよう。

❀ チューリップ祭
赤、白、黄色、ピンクに紫と、色とりどりのチューリップ畑と風車の景色はまるでオランダの田園風景！（3月中旬から4月上旬が見頃）

ハウステンボスってこんなところ

日本最大級の滞在型リゾートで、152万㎡の敷地にヨーロッパの街並みを再現。街に季節の花々が咲き誇る「フラワーフェスティバル」と世界最大のイルミネーション「光の王国」をはじめ、毎日繰り広げられるエンターテインメントの数々、最新技術を使用したアトラクションなど、1日では遊びきれない魅力が満載です。

❀ フラワーフェスティバル
チューリップやバラ、アジサイなど、シーズンに沿った花々を楽しめる。（2月下旬〜4月上旬）

❀ *Seasons flowers*

華やかで麗しい花のイベント

❀ バラ祭
バラの運河やバラの宮殿など、アジア最大級の2000品種100万本のバラが街を彩り、まるでおとぎ話のような世界。（5月）

❀ あじさい祭
宮殿へと続くあじさいロードやヨーロッパの街並みを彩る「あじさいの運河」など、安らぎを感じるあじさいが街を彩る。（6月）

❀ ひまわり
ヨーロッパの田園を旅しているような、風車を背景に広がるひまわり畑など、場内各所で鮮やかなひまわりが楽しめる。（7〜9月）

✦ *Illuminations*　グレードアップ！場内を彩る感動の光

光の王国のメインスポットで、圧巻のイルミ体験が楽しめる

✦ 光のオーロラガーデン
場内最大のガーデンに、季節に沿った演出が楽しめる。(通年)
MAP P91 ❶

✦ 光のアンブレラストリート
季節ごとに傘の色が変わる名物スポット。約700本の傘が並び、雨の日でも楽しめるスポット。(通年／アトラクションタウン)
MAP P91 ❷

✦ 光の観覧車
ライトアップされたハウステンボスの街並みは昼間とは違った華やかな雰囲気に。
MAP P91 ❸

✦ ウォーターマジック
日本最大の光の噴水ショー。音楽に合わせ光の噴水が躍動、目の前で繰り広げられる迫力のエンターテインメントショー。(通年／フラワーロード周辺運河) **MAP** P91 ❹

ℹ Information
☎ 0570-064-110(ハウステンボス総合案内ナビダイヤル)
🏠 佐世保市ハウステンボス町1-1
🕐 9〜22時
　(場内の施設・店舗等の営業時間は、曜日・季節・イベント等によって異なる)
休 不定休
P 5000台(有料)1回1000円
アクセス JRハウステンボス駅から7分

🎫 Ticket (2023年7月31日現在)
●1DAYパスポート 7000円
(約40施設のアトラクションや期間限定のイベント、歌劇・ミュージカル、美術館で使用可)

●アフター3パスポート 5000円
(午後3時からの入場で、約40のアトラクション施設を何度でも楽しめる)

✦3Dプロジェクションマッピング
街の中心にある教会に映し出されるプロジェクションマッピングの映像美を堪能できる。(通年)
MAP P91 ❺

 花やイルミネーション以外にも屋内外問わず、多数のアトラクションが楽しめます。

ヨーロッパを旅するように
優雅でステキな1dayプラン

歩いてまわって
約1日

ハウステンボスで出合うヨーロッパの質の高い文化や美術に触れ、
心ときめきながら散策する大人の女性のためのコースです。

START
入国ゲート

徒歩
すぐ

AM9:30

フラワーロード　FREE
ふらわーろーど
フラワーロード

牧歌的なオランダの風景

入国してまず目に飛び込んでくるの
が、優雅に流れる運河と風車。チュ
ーリップやひまわりなど季節ごとに
咲く花が楽しめる。
☎0570-064-110 🕘9～22時 MAP P91

◀風車の周囲には美しい
花畑が広がっている

徒歩
10分

▲夜は回転しながら
場内の夜景も満喫で
きる

▲高さ15m、3階からの眺めは抜群

アトラクションタウン　AM10:00　PA88
すかいかるーせる
スカイカルーセル ♪

日本初3階建てメリーゴーラウンド

世界最大級の高さ15mを誇り、イタリア
製の馬車やゴンドラはまさに芸術品。昼と
夜でまったく異なる表情を見せてくれる
のも魅力の一つ。
☎0570-064-110 🕘9～22時
MAP P91 ❻

徒歩
2分

まわり方のコツ

まず花や風車を眺め
たら、アトラクションタ
ウンでアミューズメン
ト、アムステルダムシテ
ィで買物、タワーシテ
ィで食事を楽しんだら、
場内各地のイルミネー
ションをめぐろう

START

入国ゲート → 徒歩すぐ → フラワーロード → 徒歩10分 → スカイカルーセル → 徒歩2分 → ホライゾンアドベンチャー → 徒歩7分 → アートガーデン → 徒歩3分 → ピノキオ → 徒歩すぐ → ドムトールン → 徒歩10分 → ショコラ伯爵の館 → 徒歩7分 → チーズの城 → 徒歩20分 → パレスハウステンボス → 徒歩30分 → ハウステンボス歌劇大劇場 → 徒歩13分 → ギヤマンミュージアム → 徒歩3分 → 海鮮市場「魚壱」 → 徒歩2分 → 光の王国

広い場内は「レンタサイクル」を使用してみましょう！

屋根付きの自転車に乗って、広い場内を散策するのがおすすめです。

¥1時間2人乗り2000円〜 🕘9〜19時
MAP P91⑪

◀稲妻や波、豪雨、竜巻が間近に迫る

タワーシティ AM11:40
ぴのきお

ピノキオ

並んでも食べたい本格ピザ

行列のできる店として評判のピザ＆パスタの店。有田焼ののぼり窯の技術を導入したピザ窯で、外側をパリッと焼き上げている。

☎0570-064-110 🕘11〜22時 休無休 **MAP** P91⑨

アトラクションタウン AM10:30 (PA88)
ほらいぞんあどべんちゃー
♪♪

ホライゾンアドベンチャー

総量800トンの水を使った演出

17世紀のオランダを舞台に海の伝説を描いたシアターショー。大洪水を再現した総量800トンの水が目の前で荒れ狂う様子は圧巻。音と光の演出とともに座席も激しく揺れ動く臨場感に、大興奮間違いなし。

☎0570-064-110 🕘9〜22時
MAP P91⑦

ココでLunch♪

▲イタリア・ナポリの古いピザ店をイメージした店内 ▶具材はほとんどが自家製手作り

徒歩7分

徒歩3分

P84 へ続きます

徒歩すぐ

▲レンガの街並みや風光明媚な大村湾を一望

アートガーデン AM11:10 (FREE)
あーとがーでん

アートガーデン

圧巻の花々の競演

場内最大の花広場は四季折々に趣を変え、初夏と秋にはバラ、夜はイルミネーションも楽しめる。

☎0570-064-110 🕘9〜22時 **MAP** P91⑧

▲初夏のバラは特に人気がある

タワーシティ PM12:50 (PA88)
どむとーるん

ドムトールン

ハウステンボスのシンボル

場内のどこからでも見える、高さ105mのシンボルタワー。地上80mの5階からの眺めは格別。65mの4階にはソファでくつろげるプレミアムな展望台もある。

☎0570-064-110 🕘9〜22時 休無休 **MAP** P91⑩

▶ハウステンボスを象徴する威厳あるたたずまい

📖 パークのウェルカムゲートなどにあるガイドマップに掲載されたQRコードを読み込めば、当日のショーやイベント情報が確認できます。

ヨーロッパを旅するように優雅でステキな1dayプラン

徒歩7分

P83から続きます

徒歩10分

▲チョコレートドリンクが出る蛇口。甘くて濃厚

アトラクションタウン しょこらはくしゃくのやかた

PM1:30 (PASS) ♪

ショコラ伯爵の館

チョコの魅力を満喫できる伯爵のコレクションは必見!

カカオで財を成したというちょっと変わった伯爵の不思議な館。チョコレートをテーマにした驚きの仕掛けがいっぱいのエンターテインメントハウス。☎0570-064-110 🕘9〜21時 **MAP** P91⑫

アムステルダムシティ ちーずのしろ

PM2:10 🛍

チーズの城

日本一のチーズショップ

150種類以上のチーズを取り揃えるチーズの複合ショップ。お酒に合うチーズから、デザート用まで幅広く販売。☎0570-064-110 🕘9〜21時 **MAP** P91⑬

①広々とした空間に世界のチーズが並ぶ
②オランダ直輸入のビッグサイズのゴーダチーズ

徒歩20分

ハーバータウン ぱれす はうすてんぼす

PM2:50 (PASS) 🛍

パレス ハウステンボス

壮麗なオランダの宮殿

17世紀にオランダのハーグの森に建てられた宮殿の外観をオランダ王室の特別な許可をもらい、忠実に再現。館内には美術館、裏手には広大なバロック式庭園が広がっている。

☎0570-064-110 🕘9〜21時(美術館は10〜18時) **MAP** P91⑭

◀内部に美術館、ドーム型壁画、バロック式庭園をもつ、この街の象徴的な宮殿

徒歩30分

アートガーデン はうすてんぼすかげきだいげきじょう

PM4:00 (PASS) ♪

ハウステンボス歌劇大劇場

魅力あふれるショーを一日中いつでも

2023年春に「ミューズホール」から移転し、音響や照明が整備された、約1000席のホールとしてオープン。

☎0570-064-110 🕘9時〜公演終了次第 **MAP** P91⑮

①「ハウステンボス歌劇団」の華やかなショー

②まるでヨーロッパのオペラハウスを思わせる大劇場

▲豪華絢爛なシャンデリアは必見

園内を優雅に移動！

全長約6kmの運河をゆっくり航行するクラシカルなクルーザーは、船上からヨーロッパのような美しい街並みと田園風景を360度楽しめます！

¥パスポート対象 ⏰9時15分〜21時45分 休無休 MAP P91⑱

PM5:15 (PASS)

アムステルダムシティ
ぎやまんみゅーじあむ
ギヤマンミュージアム

煌びやかなガラス芸術を集めた美術館

バロック調の館内には、世界各国から集められたエレガントなガラス工芸品が数多く展示されており、ホール吹き抜けにある世界最大級のシャンデリアも必見。☎0570-064-110 ⏰9〜22時 MAP P91⑯

▲ヨーロッパ製の花瓶など芸術性の高いガラス工芸品は息をのむ美しさ

1 長崎贅沢握り寿司2000円
2 鷹島本鮪丼2500円

徒歩3分

PM6:00

タワーシティ
かいせんいちば うおいち
海鮮市場「魚壱」

長崎の新鮮魚介を楽しめる

海鮮丼や寿司、刺身に天ぷらなど、長崎ならではの新鮮な魚介を使った上質な料理をカジュアルに楽しめる和食レストラン。おすすめは店内でさばいた鷹島本鮪のトロと赤身を贅沢に使用したマグロ丼。☎0570-064-110 ⏰11〜22時 休無休 MAP P91⑰

徒歩2分

GOAL PM7:10

徒歩13分

場内各所
ひかりのおうこく
光の王国 (PASS)

〆はイルミネーション巡り

日が暮れると場内は光の王国に変身。場内各地で迫力あるイルミネーションやプロジェクションマッピングを楽しめる(→P81)。☎0570-064-110 ⏰点灯時間:日没後〜営業終了まで MAP P91❶❷❹⑭

▶迫力あるイルミネーションが広がるアートガーデン

ハウステンボス 花カレンダー

フラワーロードやアートガーデンのほか、場内には季節の花が一年中咲き誇っています。

 春 Spring

＊チューリップ

 夏 Early Summer/Summer

＊バラ・アジサイ
＊ユリ・ヒマワリ

 秋 Autumn

＊秋バラ

 冬 Winter

＊胡蝶蘭

 ペットの犬と猫の入場ができて、テラス席があるレストランでは一緒に食事ができます。

贈り物にぴったりな オリジナルアイテムをお持ち帰り

ハウステンボスにはチーズにお菓子、おしゃれな雑貨まで、
バラエティにとんだステキなお土産がいっぱい。オリジナル商品も盛りだくさん!

Ⓐ マスコット キーチェーン
自分用にもプレゼントにもおすすめ

Ⓐ かすてらまんじゅう

Ⓐ ミッフィーミニタオル
ミッフィーをデザインしたオリジナルタオル

絵本のようなカラフルなパッケージに、ミッフィーの形と焼印がかわいい。ハウステンボス限定

© Mercis bv

Ⓑ ロイヤルブリュレド バウムクーヘン (直径約13cm)
素材にこだわり均等に焼き目がつくよう職人の手でキャラメリゼした、しっとりほろ苦いバウムクーヘン

Ⓒ 千年の森 和三盆カステラ 個包装タイプ (6個入り)
和三盆のやさしい甘さが広がる人気のカステラ。食べやすい個包装タイプ

オリジナルの
ミッフィーグッズ
アムステルダムシティ
Ⓐ ないんちぇ
ナインチェ

オリジナルミッフィーグッズからオランダ直輸入のものまで、約1,000点のアイテムを備えている。
☎0570-064-110 ◷9〜21時

大人から子どもまで
ワクワクする
アムステルダムシティ
Ⓑ おかしのしろ
お菓子の城

店内に大きなキャンディータワーがあり、見ているだけで楽しい。ハウステンボス限定のお菓子も揃っている。
☎0570-064-110 ◷9〜21時

出口ゲートにある
みやげショップ
ウェルカムエリア
Ⓒ すきぽーる
スキポール

オランダのスキポール空港をイメージした広くて明るい店内。オリジナルグッズなど幅広く取り揃える。
☎0570-064-110 ◷9〜22時

D シュフォンボブ
レモン風味で後味すっきり。ふんわりスポンジとしっとり生地の濃厚な2層仕立て

D クリームチーズ＆ターフルソース
やさしい酸味のクリームチーズに、たまり醤油のようなターフルソースをかけて冷奴風に

D スモークパンチェッタ
生ハムのような味わいとスモークの香り。切ってそのまま食べられる

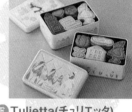

F Tulietta(チュリエッタ)クッキー缶
ハウステンボスをイメージした上質なバターの香りが楽しめるクッキー

E ちゅーりーぬいぐるみ
ハウステンボスのマスコットキャラクター「ちゅーりー」。物語の世界から飛び出してきたようなかわいいぬいぐるみ

E ルーク＆ルーナぬいぐるみ
ちゅーりーのおともだちのルークとルーナ。胸元や手足のチャーミングなチューリップがトレードマーク

F Tulietta(チュリエッタ)波佐見焼
やわらかい雰囲気で高級感がありつつ普段使いしやすいおしゃれな陶器

F Tulietta(チュリエッタ)ハートのレモンティー
キュートなハート型レモンを浮かべて楽しめる特別なレモンティー

日本一の品揃え
150種類のチーズ
アムステルダムシティ
D ちーずのしろ チーズの城

チーズはもちろん、チーズを使ったスナックやチーズケーキを取り揃えているほか、おすすめの食べ方も紹介。
☎0570-064-110 ⏰9〜21時 P91 ⑬

限定品豊富な
テディベアショップ
ウェルカムゲート
E りんだ リンダ

場内唯一のテディベア専門店で、ハウステンボスオリジナルから有名メーカーのベアまで数多く揃えている。
☎0570-064-110 ⏰9〜21時 MAP P91 ㉒

花と香りとキュートな雑貨
アムステルダムシティ
F あんじぇりけ アンジェリケ

オリジナル香水、カラフルで香りのよいバスグッズなど、香りの品々と花柄をあしらった雑貨を取り揃えている。
☎0570-064-110 ⏰9〜21時 MAP P91 ㉓

📖 「ワインの城」はグラスワインも楽しめるワインショップ。九州ワインから銘醸ワインまで500種類以上の品揃え。

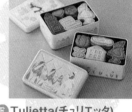

せっかくですから個性豊かな
場内のオフィシャルホテルにステイ

ヨーロッパの街並みの中で眠りについたら、きっとステキな夢が見られるはず。
夢の中まで大満足のホテルライフを味わいましょう。

ハーバータウン
ほてるよーろっぱ
ホテルヨーロッパ

アムステルダムにある100年の伝統を誇る同名ホテルをさらにグレードアップして再現した、場内最高級ホテル。宿泊客は運河をめぐるクルーザーからチェックイン。19世紀のオランダの邸宅を思わせるインテリアや季節の花々が、贅沢なひとときを演出してくれる。

☎0570-064-300　🛏全310室　MAP P91 ㉔

+1室+
4万8400円～
(2名1室利用の場合)
+時間+
IN15時、OUT11時

上質な大人の空間で花と音楽と最高の食事を

♦ ここがステキ！ ♦

アンカーズラウンジで毎夜催される1時間にわたる本格的なコンサートで、贅沢なひとときを。

1 海を庭にもつ、格式高いクラシカルホテル
2 デザイン性と機能性を併せもったデザイナールーム（客室一例）
3 クルーザーでのチェックインはリゾート気分満点！

ハウステンボス直営のオーシャンフロントホテル

ハーバータウン
ほてるでんはーぐ
ホテルデンハーグ

ハウステンボス場内ハーバーゾーン内の海と森に囲まれた静かなロケーションに立つリゾートホテル。ここでしか見られない大村湾に昇る朝日は絶景! 落ち着いた空間と、長崎の食材にこだわった料理が魅力。オーシャンビューの開放感たっぷりのレストランで食事が楽しめる。

☎0956-27-0505　🛏全228室　MAP P91 ㉕

+1室+
1万3200円～
(2名1室利用の場合)
+時間+
IN15時、OUT11時

1 大村湾沿いに立ち、海風が心地よいウォーターフロント
2 大村湾を一望できるDXハーバービューツイン
3 港沿いのホテルにふさわしい、船をイメージしたコンセプトルームは、ファミリーにおすすめ

♦ ここがステキ！ ♦

ライブキッチンで作られる、できたてのオムレツや長崎和牛を使ったすき焼など、洋食はもちろん和食も充実の朝食ビュッフェ。

アドベンチャーパークエリアに誕生

2023年10月にオープンする「ホテルロッテルダム」。ロッテルダムの近代建築やアートをイメージしたデザインがちりばめられ、まるでオランダの街を散策しているよう。
☎0570-064-110(音声案内)
🛏全200室 MAP P91 ⑳

アムステルダムシティ
ほてるあむすてるだむ

ホテルアムステルダム

重厚な石柱が並ぶアトリウムロビーと、開放感ある客室が特徴で、ヨーロッパの街並みを再現。テーマパークゾーン内唯一のホテルで、帰りの時間を気にせずハウステンボスを楽しめる。ブッフェレストランや街並みを眺めながら食事できるカフェも人気。
☎0570-064-300
🛏全202室 MAP P91 ㉖
※有料ゾーンのため要入場券

✛1室✛
3万4800円～
(2名1室利用の場合)
✛時間✛
IN15時、OUT11時

街の中心に立つ 海と風を感じるホテル

1 アムステルダム広場に面したホテル **2** バラエティに富んだ客室のなかからお気に入りの一室を(客室の一例) **3** 明るい光が差し込むロビー

✦ ここがステキ！ ✦
4階は英国の香り漂うクラブフロア。専用ラウンジもあり、優雅な気分に包まれる。

ハーバータウン
ふぉれすとうぃら

フォレストヴィラ

森に囲まれた自然あふれるコテージタイプのホテルで、別荘感覚で過ごすことができる。1階はゆったりとしたリビング、2階には独立したベッドルームを2部屋配したメゾネットタイプ。最大5名の宿泊も可能で、家族やグループでの利用に最適。朝の散歩も清々しく気持ちいい。
☎0570-064-300 🛏全99戸
(コテージタイプ) MAP P91 ㉗

✛1室✛
4万2800円～
(4名1室利用の場合)
✛時間✛
IN15時、OUT11時

森と湖に抱かれた 別荘感覚のコテージ

✦ ここがステキ！ ✦
湖を望むバルコニーで優雅に過ごす時間は、旅の疲れからも開放される。

1 森と湖に囲まれた閑静なエリア **2** リビングも明るくゆったりとした造り **3** 犬と一緒に泊まれるドッグヴィラも用意されている

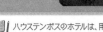
ハウステンボスのホテルは、用途に応じてさまざまなホテルを選べるのが魅力的。

遊び尽くした後は…
ハウステンボスの定番レストラン

たくさん遊び尽くした後は、くつろぎのグルメスポットで
おいしいひとときを楽しみましょう！

アトラクションタウン
ちーずわーふ
チーズワーフ

とろーりチーズに
パンや野菜をからめて!

ショップも構えるチーズ専
門店。一番人気のチーズフ
ォンデュは、本場スイスの
チーズ3種類をブレンドし
た本場の味。

☎0570-064-110 🕐11〜22時
（ショップは9時〜）**MAP**P91❷❾
❶チーズフォンデュ1人2000円。2
名から注文できる❷1階はショッ
プ・フードコート、2階がレストラン

タワーシティ
ろーど・れーう
ロード・レーウ

落ち着いた雰囲気で
ご飯が進む肉料理

ステーキ＆ハンバーグ専門の
レストランで、佐世保の名物グ
ルメ「レモンステーキ」のほか、
子どもでも食べやすいチーズ
フォンデュを用意している。

☎0570-064-110
🕐11時〜15時30分、17〜22時
MAPP91❸⓪
❶国産リブロースレモンステ
ーキ1900円
❷落ち着いた雰囲気の店内

タワーシティ
えるまーそ
エルマーソ

地元長崎の旬の食材や
魚介類を味わえる

長崎の海でとれた地中海料
理を堪能。うま味たっぷりの
スープで仕上げたパエリアや、
魚介を贅沢に使用したブイヤ
ベースが人気メニュー。

☎0570-064-110 🕐11〜15
時、17〜22時 **MAP**P91❸❶
❶魚介と季節野菜のパエ
リア2400円❷南欧を思
わせる店内

ハーバータウン
はなのや
花の家

家族3世代で楽しめる
長崎素材の和食料理

地元長崎のおいしい食材を使用
した和食の店。一膳で四通りの
味を楽しめる"長崎まぶし"のほ
か、長崎和牛や、長崎真鯛など
を使ったメニューがおすすめ。

☎0570-064-110
🕐11〜22時、喫茶14〜17
時※季節により変動あり
MAPP91❸❷
❶長崎和牛三昧膳3200円
❷上品で落ち着いた店内

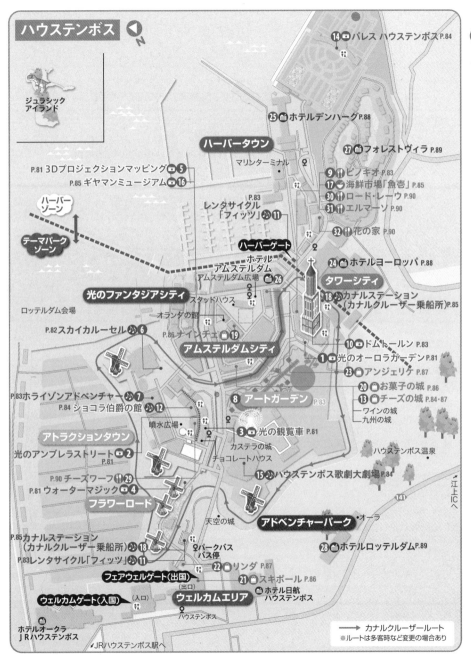

ハウステンボス

ジュラシック
アイランド

14 📷 パレス ハウステンボス P.84

25 🏨 ホテルデンハーグ P.88

ハーバータウン

マリンターミナル

27 🏨 フォレストヴィラ P.89

P.81 3Dプロジェクションマッピング 📷 5
P.85 ギヤマンミュージアム 📷 16

9 🍴 ピノキオ P.83
17 🍴 海鮮市場「魚壱」 P.85
30 🍴 ロード・レーウ P.90
31 🍴 エルマーソ P.90

ハーバー
ゾーン

32 🍴 花の家 P.90

P.83
レンタサイクル
「フィッツ」🎵 11

テーマパーク
ゾーン

ハーバーゲート

ホテル
アムステルダム
アムステルダム広場 🏨 26

24 🏨 ホテルヨーロッパ P.88

タワーシティ

18 🚢 カナルステーション
（カナルクルーザー乗船所）P.85

光のファンタジアシティ

ロッテルダム会場

スタッドハウス

オランダの館

P.82 スカイカルーセル 🎵 6

P.86 ナインチェ 🎵 19

10 🍴 ドムトールン P.83

1 💡 光のオーロラガーデン P.81

23 🍴 アンジェリケ P.87

アムステルダムシティ

20 🏰 お菓子の城 P.86
13 🏰 チーズの城 P.84・87
ワインの城
九州の城

P.83 ホライゾンアドベンチャー 🎵 7
P.84 ショコラ伯爵の館 🎵 12

8 🌳 アートガーデン P.83

ハウステンボス温泉

噴水広場

3 💡 光の観覧車 P.81

アトラクションタウン

カステラの城

P.81 光のアンブレラストリート 📷 2

チョコレートハウス

15 🎵 ハウステンボス歌劇大劇場 P.84

P.90 チーズワーフ 🍴 29
P.81 ウォーターマジック 📷 4

フラワーロード

天空の城

アドベンチャーパーク

オーラ

28 🏨 ホテルロッテルダム P.89

P.85 カナルステーション
（カナルクルーザー乗船所）🎵 18
P.83 レンタサイクル「フィッツ」🎵 11

パークバス
バス停

22 🍴 リンダ P.87

江上ICへ

フェアウェルゲート（出国）

（出口）

21 🍴 スキポール P.86

ウェルカムゲート（入国）　（入口）

ウェルカムエリア

ホテル日航
ハウステンボス

ホテルオークラ
JRハウステンボス

ハウステンボス

━━▶ カナルクルーザールート
※ルートは多客時など変更の場合あり

▼JRハウステンボス駅へ

📖 端から端までは約2kmもあるので、移動にはカナルクルーザーやパークバス、カートタクシーなどを上手に利用してまわりましょう。

「長崎と天草地方の潜伏キリシタン関連遺産」②

長崎県と熊本県天草地方に点在する12の構成資産のうち、
長崎市には、大浦天主堂と外海の出津集落、大野集落の3つの資産があります。

大浦天主堂
おおうらてんしゅどう

世界史に残る「信徒発見」の舞台

「長崎と天草地方の潜伏キリシタン関連遺産」の代表ともいえる資産が大浦天主堂（☞P28）。日本の開国により来日した宣教師と潜伏キリシタンは、2世紀ぶりにこの教会で出会い、カトリック復帰につながった。

1 隣接する旧羅典神学校、旧大司教館に潜伏キリシタンの資料を展示 **2** 内部のステンドグラス

外海の出津集落
そとめのしつしゅうらく

ド・ロ神父の活動の拠点

長崎市郊外にある外海は、長い迫害を乗り越え信仰を守り続けたキリシタンの里。出津集落は解禁後、外海に赴任したフランス人のド・ロ神父が、貧しい信徒を救うため私財を投じて教会や授産施設などを造った場所。1882年築の出津教会堂は強風に配慮した低い外観が特徴的な建物。

住長崎市西出津町2633 **交**バス停出津文化村から徒歩10分 **休**教会見学は事前に連絡 **MAP**付録P3B3

【旧出津救助院】

外海の貧しい女性たちが自立するために建てられた授産場と祈りの場。そうめんやパン、マカロニ工場などもあった。

☎0959-25-1002 **￥**入館400円 **⏰**火～土曜9～17時（最終入場16時30分）、日曜・8/15・11/7・12/25は11～17時 **休**月曜（祝日の場合は翌日）**MAP**付録P3B3

【長崎市ド・ロ神父記念館】

外海の父として今でも地元の人から愛されているド・ロ神父ゆかりの品や資料を展示している。1868年の石版刷りキリシタン暦など貴重なものも多い。

☎0959-25-1081 **￥**入館310円（外海歴史民俗資料館と共通入館券）**⏰**9～17時 **休**無休 **MAP**付録P3B3

外海の大野集落
そとめのおおのしゅうらく

集落の中心に造られた教会堂

出津集落から北に4kmほど離れた場所にある大野集落に、1893年、ド・ロ神父の設計・指導によって信徒26戸のために建てられた教会堂。森林の中にひっそりと立っている。ド・ロ神父独特の工法で地元の自然石を積み重ねた「ド・ロ壁」が特徴で、南欧風な趣が感じられる。

住長崎市下大野町2619 **交**バス停大野から徒歩10分 **休**教会は外観のみ見学可能（要事前連絡）**MAP**付録P3B3

※教会堂見学の事前連絡や問い合わせは、長崎と天草地方の潜伏キリシタン関連遺産インフォメーションセンターへ。
https://kyoukaigun.jp **☎**095-823-7650 **住**長崎市出島町1-1-205長崎出島ワーフ2階 **MAP**付録P7A3

佐世保・平戸では
港町の風景とご当地グルメに出合えます

日本初の西洋貿易港として栄えた歴史があり、
フランシスコ・ザビエルも愛したといわれる平戸では
小高い丘に立つ教会から美しい海を望めます。
佐世保では全国区のご当地バーガーをいただきましょう。

佐世保・平戸の観光エリアと まわり方のコツを予習しましょう

2つのエリアは離れているので、アクセスはやや不便です。
行きたいところを絞って効率よくまわりましょう。

佐世保・平戸へのアクセス

長崎空港 → 佐世保

🚌 西肥バス
1時間30分 1400円 1日12便

🚗 大村IC→長崎道→西九州道→佐世保みなとIC
63km 55分 1930円

長崎空港 → 平戸

🚌 西肥バス→佐々BC乗り換え→西肥バス
3時間40分 2900円 1日7便

🚗 大村IC→長崎道→西九州道→佐世保中央IC→
佐々・佐世保道路→国道204号→平戸大橋→
国道383号
105km 1時間41分 1930円

佐世保 → 平戸

🚌 西肥バス
1時間32分 1500円 1時間ごと

🚗 国道497号と204号→平戸大橋→国道383号
35km 48分

長崎駅 → 佐世保

🚃 JR快速シーサイドライナー
2時間 1680円 ほぼ1時間に1本

🚌 西肥バス・長崎県営バス
1時間25〜42分 1550円 30分〜2時間ごと

🚗 ながさき出島道路→長崎道→西九州道→
佐世保みなとIC
89km 1時間10分 2790円

長崎駅 → 平戸

🚌 西肥バス・長崎県営バス→佐世保BC乗り換え→
西肥バス
3時間03〜52分 3050円 1〜2時間ごと

🚗 ながさき出島道路→長崎道→西九州道→
佐世保中央IC→佐々・佐世保道路→
国道204号→平戸大橋→国道383号
125km 2時間 2790円

佐世保・平戸のまわり方

長崎空港を起点にするならバスが便利。ハウステンボスへは連絡船も利用できます。長崎駅から佐世保へ行くなら、便数も多く所要時間も短いバスがJRよりもおすすめです。長崎駅や空港から平戸へ直行する公共交通機関はないので、佐世保で乗り換えが必要となります。

情報収集はコチラで

佐世保観光情報センター

JR佐世保駅の構内にあり、佐世保の情報を年中無休で発信。年間を通して多くの観光客が利用しています。

☎0956-22-6630 🏠佐世保市三浦町21-1 🕘9〜18時 🈺無休 🚉JR佐世保駅構内 🅿なし MAP付録P11B4

平戸市観光案内所

観光交通ターミナル内にあり、観光パンフレットの入手やレンタサイクルなど、各種問合せに対応してくれます。

☎0950-22-2015 🏠平戸市崎方町776-6 🕘8〜17時 🈺無休 🚉西肥バスターミナルからすぐ 🅿あり(2時間まで無料) MAP付録P12B1

さいかいこくりつこうえん
くじゅうくしま
西海国立公園 九十九島 ①

…P104

佐世保港の外側から北へ25kmにわたり島々が点在する海域で、島の密度は日本一。クルーズも楽しめます。

🖊ここをチェック
九十九島パールシーリゾート➡P104
船越展望所➡P104
展海峰➡P105

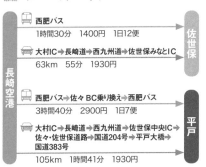

平戸 ②

ひらど

・・・P96

日本で最初の西洋貿易港。オランダ商館など歴史を物語る建物や史跡が多く残されています。

ここをチェック
平戸オランダ商館☞P97
平戸ザビエル記念教会☞P98
紐差教会☞P103

佐世保 ③

させぼ

・・・P100

アメリカンな雰囲気あふれる基地の街。この街ならではのご当地グルメも満載です。

ここをチェック
佐世保バーガー☞P100
レモンステーキ☞P101
カトリック三浦町教会☞P103

②平戸

平戸城
たびら
平戸口駅

福島

松浦駅
松浦市

204

伊万里湾

江迎鹿町駅

202

伊万里市

伊万里駅
JR筑肥線

佐々町
204

吉井駅
長崎県

佐賀県

佐々IC
佐々駅

小浦駅
佐世保市

相浦中里IC

有田町

498

JR佐世保線

有田駅

西海国立公園

佐世保中央IC
③ **佐世保**
佐世保駅

佐世保三川内IC

35
波佐見有田IC
西九州自動車道

九十九島パールシーリゾート
西海国立公園
九十九島 1

佐世保みなとIC

佐世保大塔IC

早岐駅

波佐見
波佐見町

0 N 5km

佐世保湾

202

205
ハウステンボス駅

ハウステンボス ⑤

川棚町

ここをチェック
アートガーデン☞P83
ホテルヨーロッパ☞P88
定番レストラン☞P90

波佐見 ④

はさみ

・・・P106

「波佐見焼」で有名な陶磁器の街。素敵な雑貨店やカフェもあり、女性に人気です。

ここをチェック
中尾山 うつわ処 赤井倉☞P106
白山陶器本社ショールーム☞P107

ハウステンボス ⑤

・・・P80

オランダの街並みを再現した、日本最大級の滞在型リゾート。贅沢にゆったりと過ごせます。

佐世保・平戸早わかり 観光エリアとまわり方のコツ

海と教会を眺めながら 港町・平戸をおさんぽしましょう

日本でいち早く南蛮貿易の拠点として栄えた平戸。
エキゾチックな風景やグルメに、その名残を感じることができます。

平戸って こんなところ

異国文化の面影残る城下町

6万石余りを治めた平戸藩・松浦家の城下町。天文19年（1550）、長崎よりも早く南蛮船が来航し貿易を開始、さまざまな西洋文化の窓口となり異国文化あふれる街として繁栄した。海に浮かぶ城下町で祈りと歴史に触れてみて。

問合せ ☎0950-23-8600（平戸観光協会） アクセス 長崎空港から西肥バス佐世保行きで1時間26分の佐世保バスセンターで平戸桟橋行きに乗り換え、平戸桟橋まで1時間32分
広域MAP 付録P12

おすすめコース ぐるっとまわって約5時間

- 平戸桟橋
  ↓ 徒歩5分
- 松浦史料博物館
  ↓ 徒歩7分
- 平戸オランダ商館
  ↓ 徒歩3分
- 篠屋
  ↓ 徒歩10分
- 平戸蔦屋（按針の館）
  ↓ 徒歩10分
- 平戸ザビエル記念教会
  ↓ 徒歩10分
- 幸橋
  ↓ 徒歩15分
- 平戸城
  ↓ 徒歩20分
- 牛蒡餅本舗 熊屋本店
  ↓ 徒歩10分
- 平戸桟橋

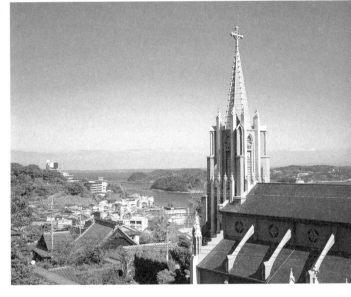

松浦史料博物館

鎌倉時代以降の平戸を知る

旧平戸藩主・松浦家の私邸である鶴ヶ峯邸を利用し、松浦家に伝わる美術品などを展示する史料博物館。ほぼ当時のままの状態で保存された建物内からは、かつての生活ぶりを感じることができる。

☎0950-22-2236 平戸市鏡川町12 入館660円 8時30分〜17時30分 無休 バス停平戸桟橋から徒歩5分 P15台 MAP付録P12B1

1 松浦家に輿入れした姫の乗り物で婚礼道具の一つ 2 敷地内にある茶室「閑雲亭」。抹茶セット1100円がいただける 3 抹茶セットには、カスドースや烏羽玉（写真）など、平戸の伝統菓子が付く 4 ポルトガル船模型

昔ながらの喫茶店で楽しむティータイム

松浦史料博物館から平戸オランダ商館へ行く途中にある「喫茶 御家紋」。平戸の古い街並みに溶け込む白壁の外観。ノスタルジックな店内でいただくコーヒー500円、モカジャバ650円。
☎0950-22-5100 MAP 付録P12B1

▼禁教令が施行されていた当時、建物に西暦年号（キリスト紀元）が記されているとして、江戸幕府によって破壊されている

▶建物を横切るように巨大な柱が立ち並ぶ館内。オランダ本国に残る倉庫に見られる建築的特徴の一つ

オランダ商館の歴史

江戸幕府から貿易を許された東インド会社が、東アジアにおける貿易拠点として慶長14年（1609）、平戸にオランダ商館を設置した。出島に移転するまでの33年間使われていた。

▲貿易が最も拡大していた寛永16年（1639）ごろの石造りの倉庫を再現

ひらどおらんだしょうかん
平戸オランダ商館

異国文化の入り交じった当時を証言する建物

対外貿易により栄えた平戸はもちろん、日本の歴史を紐解く重要な施設跡として大正11年（1922）に国指定史跡に登録。昭和62年（1987）から発掘調査が行われ、4世紀の時を経て平成23年（2011）に商館施設を復元。オランダ商館の役割や大航海時代の様子などをわかりやすく紹介している。
☎0950-26-0636 住平戸市大久保町2477 ¥入館310円 ⏰8時30分～17時30分 休6月第3火・水・木曜 交バス停平戸桟橋から徒歩5分 P平戸港交流広場駐車場利用 MAP 付録P12B1

P98へつづく

徒歩7分

おっぺしゃん
ピエロ 各700円
和柄の衣装が似合う手作り人形

鬼洋蝶（小）
5000円～
鬼退治の様子を描いた魔除けにもなる平戸限定品の凧。布張り製品

徒歩3分

ささや
篠屋

ぬくもりのある手作り民芸品

築100年以上という古民家で平戸の民芸品を夫婦で販売。店主手作りの品や珍しい逸品など、ぬくもりを感じる民芸品はどれも味のあるものばかり。
☎0950-22-2858 住平戸市崎方町842-1 ⏰10～17時 休不定休 交バス停平戸桟橋から徒歩1分 Pなし MAP 付録P12B1

▶風情ある店内には民芸品がいっぱい

ひらどつたや（あんじんのやかた）
平戸蔦屋（按針の館）

職人が今に伝える南蛮菓子

文亀2年（1502）創業の老舗菓子舗。松浦家に伝わるカスドースなどの伝統菓子をはじめ洋菓子の創作にも意欲的。平戸の今と昔を感じられる空間だ。
☎0950-23-8000 住平戸市木引田町431 ⏰9～19時 休無休 交バス停平戸新町から徒歩5分 P提携駐車場あり MAP 付録P12B2

▲平戸の歴史が刻まれた趣ある店内

徒歩10分

カスドース
5個入り 1080円
一口大のカステラを卵黄、熱した糖蜜にくぐらせ、砂糖をまぶした伝統銘菓。砂糖の食感とともに、ほどよい甘さが口に広がる

松浦史料博物館の近くにある無料の休憩スポット、平戸温泉うで湯あし湯（MAP 付録P12B1）は、全国でも珍しい「うで湯」が人気です。

海と教会を眺めながら
港町・平戸をおさんぽしましょう

徒歩10分

P97からのつづき
「平戸蔦屋（按針の館）」から

■4

1 ステンドグラスのやさしい光に包まれる神聖な堂内 **2** 聖堂脇に堂々と立つザビエル記念像 **3** 左側にのみ八角塔があり、アシンメトリーな景観 **4** 堂内の美しいステンドグラス

ひらどざびえるきねんきょうかい
📷 平戸ザビエル記念教会

信徒のあつい信仰により守られる教会

フランシスコ・ザビエルの3度にわたる平戸訪問を記念し、昭和6年（1931）に建てられたゴシック様式の教会堂。巨大な尖塔を小尖塔が取り囲むような屋根に、モスグリーンの外壁の調和が美しい。堂内は三廊式のコウモリ天井が印象的だ。平戸を象徴する建物として観光スポットになっているが、見学するときは教会堂のマナーを守ること。

☎0950-23-8600（平戸観光協会）住平戸市鏡川町269 ¥見学無料 ⏰8～16時、冬期9～16時（ミサ・冠婚葬祭時は見学不可）休無休 交バス停平戸市役所前から徒歩10分 P50台 MAP 付録P12A1

フランシスコ・ザビエルと平戸

天文19年（1550）、フランシスコ・ザビエルはわずか2年の来日中に3度も平戸を訪れ布教を行った。昭和46年（1971）には、記念教会の聖堂脇に彼の功績と訪問を記念する「ザビエル記念像」が建立された。

寺院と教会の見える風景

「平戸ザビエル記念教会」を目指して風情ある石畳の階段や坂を進むと、寺院と教会が混在する不思議な光景に出合える。MAP 付録P12A1

記念撮影スポットとして有名

平戸らしい風景は必見！

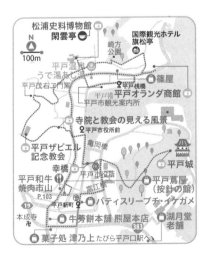

松浦史料博物館
閑雲亭
崎方公園
平戸温泉
うで湯あし湯
平戸茂右衛門窯
篠屋
平戸桟橋
平戸オランダ商館
平戸港 平戸市観光案内所
寺院と教会の見える風景
平戸市役所前
亀岡橋
平戸ザビエル記念教会
幸橋
平戸城
平戸市役所
平戸和牛焼肉市山 P.103
平戸蔦屋（按針の館）
平戸宮の町
湖月堂老舗
高江浜
バティスリーブチ・イケガメ
牛蒡餅本舗熊屋本店
菓子処 津乃上 たびら平戸口駅へ➡
本成寺
383

N 100m

徒歩10分

さいわいばし
📷 幸橋

平戸城に入るための門前橋

元禄15年（1702）にオランダの技術で建造された、アーチ型のフォルムが美しい石橋。国の重要文化財に指定され、平成26年(2014)には「ロマンス遺産」の認定を受けた。

☎0950-22-9140（平戸市観光課）住平戸市岩の上町（平戸市役所横）¥見学自由 交バス停平戸市役所前からすぐ P市役所駐車場(有料) MAP 付録P12B2

▲元は木製だったとか。石橋になってからは「オランダ橋」とよばれるように

高台の観光スポットも
電動自転車で
らくらく

松浦史料博物館や平戸城など高台にある観光地にも楽に行けるように、電動アシスト付き自転車を平戸市観光案内所などで貸出中。「平戸自転車さるくMAP」も無料配布されています。レンタル料2時間ごと1台500円。
☎0950-22-2015（平戸市観光案内所）

平戸城
ひらどじょう

藩主によって一度は焼かれた城

平戸市街を望む高台にある別名「亀岡城」。慶長4年（1599）に松浦家26代・鎮信が日の岳城を築くが、のちに自ら焼却。宝永元年(1704)、30代・棟が幕府の許可のもと再建し、今もその一部が残っている。2021年の大規模改修を終え楽しく平戸の歴史と文化も学べる。

☎0950-22-2201 ❶平戸市岩の上町1458 ❷天守閣入場520円 ❸8時30分〜18時(10〜3月は17時まで) ❹12月30日・31日 ❺バス停平戸市役所前から徒歩10分 ❻50台（未来創造館）❼MAP付録P12C2

1 改修により楽しみが増した平戸のシンボル 2 天守閣最上階はオランダ商館や遠くは玄界灘まで見渡せる絶景スポット

麩まんじゅう
1個150円
生麩を使ったモチモチ食感とみずみずしさにビックリ！

徒歩
15分

手造り牛蒡餅
5本入り540円
菓子名は色合いと形がゴボウに似ていたことに由来。ほんのりとした甘さ

牛蒡餅本舗 熊屋本店
ごぼうもちほんぽ くまやほんてん

伝統とともに手作りの味わいを

創業240余年を誇る和菓子の老舗店。選び抜かれた原料と丁寧な手作りにこだわり、代々大切に受け継がれている菓子は、地元客にも愛されている。洋菓子や創作菓子なども人気。

☎0950-22-2046 ❶平戸市魚の棚町324 ❷8時30分〜19時（日・祝は〜18時) ❸無休 ❹バス停平戸新町からすぐ ❺5台 MAP付録P12A2

徒歩
20分

◀地元客に愛される老舗店

平戸ならではのお菓子に注目

平戸のお菓子は、国際貿易港だったころに伝わった南蛮菓子が原点です。

湖月堂老舗
こげつどうろうほ

アーモンドの香ばしさが際立つ

ポルトガル煎餅（5枚入り430円）は、卵と砂糖、小麦粉を原料にアーモンドをまぶして焼き上げる。

☎0950-22-2063 ❶平戸市岩の上町1247平戸物産館内 ❷8〜18時 ❸無休 ❹バス停猿猴館高校入口からすぐ ❺30台 MAP付録P12B2

菓子処 津乃上
かしどころ つのうえ

地方発送不可のお城もなか

北海道産の大納言小豆を使ったつぶ餡を、ひとつひとつ手作業で詰めている「平戸城もなか」140円はここでのみ販売。

☎0950-22-3021 ❶平戸市魚の棚町300 ❷8時30分〜18時 ❸不定休 ❹バス停平戸新町から徒歩4分 ❺2台 MAP付録P12A2

パティスリープチ・イケガメ
ぱてぃすりーぷち・いけがめ

目が合ったらお買い上げ♪

中にも外にも生クリームをたっぷり使った「ひよこ」324円。ふわっとやわらかな口溶けのひよこにメロメロ♪

☎0950-22-2376 ❶平戸市築地町508 ❷10〜18時 ❸日曜、火曜不定休 ❹バス停平戸新町からすぐ ❺1台 MAP付録P12B2

平戸のポルトガル宣教師が献上した金平糖に、織田信長は大変喜んだという逸話が残っています。

佐世保で愛される アメリカンな名物グルメ

佐世保の名物グルメは米軍や海軍にちなんだものが多いのが特徴です。
由来を紐解くと、佐世保の歴史が見えてきます。

元祖ベーコン
エッグバーガー
780円+税

ビーフシチュー
2200円

➕佐世保（さ せ ぼ）って
こんなところ

アメリカ文化があふれる街

長崎県北部最大の都市。米海軍基地があり、街には外国人も多く居住している。全国的に有名な「佐世保バーガー」のほか「レモンステーキ」なども、ぜひ味わいたいこの街ならではの一品。ハウステンボスや九十九島パールシーリゾートなどのスポットもみどころだ。

問合せ☎0956-22-6630（佐世保観光情報センター）**アクセス**長崎空港から西肥バス佐世保行きで約1時間30分、佐世保バスセンター下車、JR佐世保駅まで徒歩2分 **広域MAP**付録P11

佐世保バーガーって？

終戦後、佐世保米軍基地に駐留するアメリカ人からレシピを聞き、作り始めたというハンバーガー。近年は当時よりも日本人の口に合うよう改良され、佐世保を代表する味になっている

海軍さんのビーフシチューって？

旧海軍の料理本をもとに復刻されたビーフシチュー。大きめの野菜と肉をじっくりと煮込んだコクのある味わいだ。近年、佐世保の新しいご当地グルメとして定着している

びっぐまん かみきょうまちほんてん
BigMan 上京町本店

自慢はベーコンエッグバーガー

自家製ベーコンを使った、元祖ベーコンエッグバーガーが人気の店。こだわりのパティや目玉焼、野菜がボリュームたっぷりに重ねられたバーガーを、上から軽く押さえて食べよう。

☎0956-24-6382 **住**佐世保市上京町7-10 **時**9〜20時（19時30分LO）**休**不定休 **交**JR佐世保駅から徒歩7分 **P**なし **MAP**付録P11B3

アーケードからすぐの路地にある

くらーじゅ
クラージュ

県認定の「地産地消こだわりの店」

県産和牛、島原産ヒノヒカリ、地元直売所から仕入れた野菜を使った手作り料理にこだわったお店。海軍さんのビーフシチューは手作りのデミグラスソース、長崎和牛を使用。気さくなシェフとの会話も楽しみの一つ。

☎0956-34-5313 **住**佐世保市山祇町183 **時**11〜14時LO、17〜20時LO **休**水曜 **交**バス停山祇町から徒歩2分 **P**3台 **MAP**付録P11C4

山小屋のような外観が人目を引く

地図内の表記

佐世保中央ICへ
名切
🏨スマイルホテル佐世保
🏨クインテッサホテル佐世保 P.102
グラモフォン
常盤町
🏪蜂の家 市立図書館
玉屋
さるくシティ403アーケード
島瀬町
東本願寺
島瀬美術センター
北佐世保駅
35
🍴ムギハン+plus
中佐世保駅
佐世保共済病院
体育文化会館前入口
松浦鉄道西九州線
佐世保中央駅
サンウエストホテル佐世保 P.102
白十字パーラーぼると総本舗
本島町
京町
佐世保駅へ
セントラルホテル佐世保 P.102
BigMan 上京町本店
🍴ステーキハウスらんぷ
佐世保駅へ
100m

初めてでも安心
気軽に入れる
外国人バー

英語と日本語が飛び交う老舗の外国人バー「グラモフォン」。店内の壁には訪れた外国人客が残していったドル紙幣がびっしり。カウンターに座れば、英語での会話が楽しめるかもしれません。
☎0956-25-2860 **MAP** 付録P11B2

レモンステーキ
セット
4300円

入港ぜんざい
600円

女王シュークリーム
570円

レモンステーキって？

厚みが薄めのステーキ肉や薄切り牛肉に、醤油ベースのソースとレモン汁をたっぷりとかけて仕上げたのが、名物レモンステーキ。ステーキ文化がいち早く誕生した佐世保で、日本人向けにアレンジされた一品

入港ぜんざいって？

旧海軍時代、軍艦が入港する前夜に船の中で乗組員たちにふるまわれたというぜんざい。その伝統を受け継いで復刻されたのが、佐世保の新名物「入港ぜんざい」だ

ジャンボシューって？

昭和27年(1952)に「蜂の家」で誕生した直径12cmのシュークリーム。当時、米軍基地のおかげでバターなどの材料が手に入りやすく、高級品だった卵やバナナを贅沢に使ったのが始まり

すてーきはうす らんぷ
ステーキハウス らんぷ

バースタイルの老舗レストラン

レモン醤油ダレをかけて食べる一般的なレモンステーキとは異なり、長崎和牛サーロインA4を、塩こしょうと生レモン果汁のみのシンプルな味付けで贅沢に味わえる。店内は創業昭和35年(1960)という老舗感がそのままにレトロな雰囲気が漂う。
☎0956-23-2334 **住**佐世保市山県町3-23 **⏰**17～22時LO **休**日曜 **交**JR佐世保駅から徒歩8分 **P**なし **MAP**付録P11B3

むぎはんぷらす
ムギハン+plus

たい焼がのった入港ぜんざい

海軍さんのセーラー帽に見立てたマシュマロをかぶったたい焼がカワイイぜんざい。甘味のほか、信州石臼そばやうどん、丼ものなどの定食メニューもある。夜はワイン居酒屋に変身。
☎0956-22-0711 **住**佐世保市島瀬町9-15 **⏰**12時～14時30分、18～21時 **休**不定休 **交**JR佐世保駅から徒歩12分 **P**なし **MAP**付録P11B3

はちのや
蜂の家

長く愛されるレストラン

佐世保の味を創業当時から守り続けているレストラン。名物のシュークリームは、ひょうたん形の容器に入ったスカッチソースをかけながら食べるのがツウ。洋食メニューも楽しめる。
☎0956-24-4522 **住**佐世保市栄町5-9 **⏰**ランチ11時30分～14時30分LO、ディナー17時30分～19時45分LO **休**不定休 **交**MR佐世保中央駅から徒歩5分 **P**なし **MAP**付録P11B2

レンガ造りの一軒家レストラン

旧麦半からリニューアルした外観

アーケードでひときわ目立つ赤い看板

名物グルメが食べられるお店は、約1km²に及ぶ商業アーケード内やその近くに点在しています。

佐世保・平戸のホテル＆宿

市街地や観光地に近い佐世保のホテル、ゆったり安らぎの平戸の宿をセレクトしました。

佐世保

クインテッサホテル佐世保
くいんてっさほてるさせぼ

大型ベッドでゆったりと

佐世保市内中心部にあり、繁華街も近く、ショッピングにも便利なホテル。近隣は外国人バーが多く、夜はアメリカの街の雰囲気。客室、バスルームはゆとりを重視した造りで、すべて20㎡以上の広さが自慢。**DATA**☎0956-24-0200 住佐世保市湊町5-24 ¥S7000円～ T9000円～ IN13時/OUT11時 交JR佐世保駅から車で5分 P30台(1泊1000円) 室全162室(W105・T53・その他4)●2006年改装 **MAP**付録P11B2

佐世保

セントラルホテル佐世保
せんとらるほてるさせぼ

佐世保の中心、ビジネス観光に最適

佐世保の中心街に立地し、バス停もすぐ目の前で、佐世保駅も徒歩圏内。繁華街にも隣接し佐世保のグルメも楽しめる。ホテルローレライの無料送迎バスを利用すればハウステンボスへも気軽に行ける。**DATA**☎0956-25-0001 住佐世保市上京町3-2 ¥S6700円～ T1万1600円～ 交JR佐世保駅から徒歩13分 P30台(1泊1000円) 室全170室(S120・W5・T26・その他19)●1999年改装 **MAP**付録P11B3

佐世保

佐世保ワシントンホテル
させぼわしんとんほてる

駅前立地で観光地への移動が便利

JR佐世保駅前にあり、バスターミナルからも近く、ビジネスや観光地へのアクセス抜群。客室にはWi-Fiを完備。朝食は、地元の新鮮食材を使った30種類以上の日替わりメニューが並ぶ和洋バイキング。**DATA**☎0956-32-8011 住佐世保市潮見町12-7 ¥S7200円～ W1万6000円～ IN14時/OUT11時 交JR佐世保駅から徒歩3分 P70台(1泊1000円) 室全190室(S167・W7・T16)●1995年開業 **MAP**付録P11B4

佐世保

サンウエストホテル佐世保
さんうえすとほてるさせぼ

おもてなしの心でお出迎え

今人気のハウステンボス、九十九島パールシーリゾート、海きららに車で30分圏内。近くのショッピングモール五番街・繁華街にも徒歩圏内で、佐世保バーガーなど名産品も楽しめる。ビジネス・観光の両方に便利。**DATA**☎0956-26-0505 住佐世保市本島町1-15 ¥S8000円～ T1万8000円～ IN16時/OUT10時 交JR佐世保駅から徒歩15分 P30台(1泊1000円) 室全106室(S95・W4・T7)●1997年設立 **MAP**付録P11B3

佐世保

弓張の丘ホテル
ゆみはりのおかほてる

高台に立つ南欧風リゾート

西海国立公園・弓張岳の山頂付近にたたずむ南欧風のホテル。佐世保市街地から九十九島までのパノラマビューを望むことができ、昼と夜ではまったく違う景色が広がる。また、展望浴場の弓張温泉も好評。美肌の湯に浸かりながら、癒やしのひとときを満喫できる。**DATA**☎0956-26-0800 住佐世保市鵜渡越町510 ¥1万9360円～ IN15時/OUT11時 交JR佐世保駅から車で15分 P100台 室全105室(W16・T89)●1996年開業 **MAP**P105

平戸

平戸たびら温泉サムソンホテル
ひらどたびらおんせん さむそんほてる

眺めも料理も温泉も評判の宿

平戸瀬戸を望む絶景の地に立つホテル。飲み放題付きサムソンバイキングと、絶景の「平戸たびら温泉なごみの湯」が人気。**DATA**☎0950-57-1110 住平戸市田平町野田免210-6 ¥1泊2食付き平日1万2100円～、休前日1万4300円～ IN15時/OUT10時 交西九州自動車道佐々ICから車で30分 P140台 室全138室(和20・洋18・洋95・その他5)●2021年改装 **MAP**付録P3B1

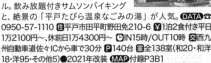

平戸

旅亭 彩月庵
りょてい さいげつあん

懐かしく心地よい離れの宿

西海国立公園の川内峠中腹に位置し、雄大な平戸瀬戸を一望できる風光明媚な景色がすばらしい温泉旅館。客室は離れ形式で、全13室に平戸温泉の内風呂を完備。料理は、平戸ならではの旬の創作会席が楽しめる。**DATA**☎0950-21-8811 住平戸市戸石川町178-1 ¥1泊2食付き平日・休前日ともに2万2150円～ IN15時/OUT10時 交西九州自動車道佐々ICから車で40分 P20台 室全13室(和6・和洋2・バリアフリー3・その他2)●2000年開業 **MAP**付録P3A1

佐世保・平戸のおすすめスポット

佐世保

かいじょうじえいたいさせぼしりょうかん
🏛 海上自衛隊佐世保史料館

海軍と海上自衛隊の歴史をたどる

帆をイメージした外観から「セイルタワー」の愛称をもつ。旧海軍と現在の海上自衛隊の歴史を、貴重な史料やパネルで紹介している。7階ホールでは、海上自衛隊広報用映像も見られる。**DATA** ☎0956-22-3040 🏠佐世保市上町8-1 ¥入館無料 🕘9時30分〜17時（入館は16時30分まで）休第3木曜、12月28日〜1月4日 🚃バス停佐世保市総合医療センター入口から徒歩2分 Ｐ15台 **MAP** 付録P11A2

平戸

ひらどしいきつきちょうはくぶつかん・しまのやかた
🏛 平戸市生月町博物館・島の館

生月の歴史や文化を展示

全長約10mのクジラの骨格標本や江戸時代の鯨組、かくれキリシタンなど、生月島の特徴的な文化がわかる歴史資料を展示。館内ガイドは事前に要予約。**DATA** ☎0950-53-3000 🚃平戸市生月町南免4289-1 ¥入館520円 🕘9〜17時 休1月・2日、臨時休館日あり 🚃西九州自動車道佐々ICから車で1時間 Ｐあり **MAP** 付録P3A1

佐世保

じゃず すぽっと いーぜる
🎵 Jazz Spot EASEL

ジャズの街・佐世保を担う店

2022年に50周年を迎え、現在三代目のオーナーが経営する老舗のジャズバー。歴史的価値のある4000枚のLP盤が壁一面に並び、毎週プロやアマのライブを開催。スタッフにもミュージシャンが揃い、事前連絡で生演奏も聴ける。ビール600円〜（席料なし）。**DATA** ☎080-9265-9330 🏠佐世保市下京町3-1テスビル2階 🕘19時〜23時30分 休月曜 🚃JR佐世保駅から徒歩5分 Ｐなし **MAP** 付録P11B3

佐世保

かとりっくみうらちょうきょうかい
⛪ カトリック三浦町教会

ゴシック様式の美しい教会

昭和6年（1931）に建てられたカトリック教会。戦時中は外壁を黒く塗って空襲を逃れ、今も当時の姿を見ることができる。3つの尖塔が天に向かって垂直に伸び、内部はリブ・ヴォールド天井が特徴。※写真掲載については長崎大司教区の許可をいただいています。**DATA** ☎0956-22-5701 🏠佐世保市三浦町4-25 ¥ー 休外観のみ見学可 🚃JR佐世保駅から徒歩3分 Ｐなし **MAP** 付録P11B4
提供：(一社) 長崎県観光連盟

佐世保

ひらどわぎゅう やきにくいちやま
🍴 平戸和牛 焼肉市山

精肉店経営ならではの特選牛

精肉店の姉妹店だけあり、上質な平戸和牛が比較的リーズナブルな価格で味わうことができる。ミスジなど希少部位のほか、平戸和牛3種盛り合わせ3400円が人気。昼は焼肉定食1580円などを気軽に楽しめる。**DATA** ☎0950-22-2439 🏠平戸市築地町529 🕘12時〜13時40分LO、17時30分〜21時LO 休不定休 🚃バス停平戸新町から徒歩2分 Ｐ20台 **MAP** 付録P12B2

佐世保

させぼたまや
🏛 佐世保玉屋

甘めのマヨネーズソースが特徴

50年以上の歴史がある店。名物はメディアにも何度となく登場したハム・トマト・レタス・キュウリ・玉子の具材と、甘めの特製マヨネーズソースで仕上げたサンドウィッチ。1箱(16切入り)800円。佐世保みやげとしても人気を誇る。**DATA** ☎0956-23-8181 🏠佐世保市栄町2-1佐世保玉屋1階 🕘10時30分〜18時30分 休不定休 🚃JR佐世保駅から徒歩15分 Ｐなし **MAP** 付録P11B2

平戸

ひもさしきょうかい
⛪ 紐差教会

平戸島の中央に立つ教会

明治18年（1885）に初代の教会堂が建てられ、現在の教会堂は昭和4年（1929）に長崎出身の建築家・鉄川与助によって、鉄筋コンクリート造りに改築されたもの。**DATA** ☎0950-23-8600（平戸観光協会）🏠平戸市紐差町1039 ¥拝観無料 🕘8〜15時（ミサや冠婚葬祭など、入堂の制限あり）🚃西九州自動車道佐々ICから車で1時間 Ｐあり **MAP** 付録P3A1
©2023長崎の教会群情報センター

平戸

ゆたかずし
🍴 豊鮨

平戸の海の幸が味わえる

平戸城から徒歩5分。地元でも人気のお店。店内の生簀には旬の魚が揃い、平戸近海でとれた新鮮な魚介類を寿司や刺身で味わえる。コースには平戸牛の鉄板焼きなどもある。平目定食2750円（1〜3月のひらめまつり期間中は変更有）もおすすめ。**DATA** ☎0950-23-2017 🏠平戸市新町101 🕘11時30分〜14時、17〜21時 休不定休 🚃バス停平戸新町から徒歩5分 Ｐ5台 **MAP** 付録P12B2

---

c o l u m n

五島灘の荒波にもまれたプリップリの平戸ヒラメ

日本でも有数の漁獲高を誇る平戸のヒラメ。旬のヒラメは身が締まって脂がのり、口に入れた時の独特の甘みがたまらなくおいしい。毎年1〜3月には「平戸ひらめまつり」が開催され、地元のホテルや飲食店で刺身やしゃぶしゃぶなどが比較的安価で堪能できる。**DATA** ☎0950-23-8600（平戸観光協会）

佐世保・平戸 ● 佐世保・平戸のホテル&宿／ココにも行きたい！おすすめスポット

美しい九十九島を望む ナイスビュースポットをドライブ

所要時間 約6時間

大小208の島々が点在し、日本一の島密度を誇る九十九島。その景色は、どこから見ても自然美にあふれています。遊覧船や展望台から眺めてみましょう。

✚九十九島って こんなところ

自然の恵みをまるごと体感

九十九島とは、佐世保湾の外側から北へ25kmにわたり、南北に大小208の島々が点在する多島群の総称。国立公園に指定され、島々の景観はもちろん海の恵みも豊富で、真珠やカキの養殖などが行われている。

問合せ ☎0956-28-4187 （九十九島パールシーリゾート）

アクセス
- **バス**：JR佐世保駅から路線バスパールシーリゾート・九十九島水族館行きで25分、終点下車
- **車**：佐世保市街から九十九島パールシーリゾートまでSSKバイパス経由で約6km **広域MAP** 付録P3B2

▲九十九島遊覧船パールクィーンに乗って優雅なクルージングを。白い船体の室内は木目調。¥乗船1800円（所要約50分）
🕙10・11・12・13・14・15時ごろ出航予定（臨時便・増便あり）

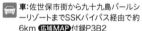

1 九十九島水族館海きららの九十九島湾大水槽では、120種1万3000匹の生きものを展示。¥入館1470円 🕘9〜18時（11〜2月は〜17時）
2 「真珠の玉出し体験」は1回650円。取り出した真珠はその場でアクセサリー加工（有料）もできる

3 九十九島リラクルーズ ¥乗船2400円（所要約50分）🕙10時20分ごろから16時20分ごろまで時間ごとに出航（季節、天候により変更あり）🕙穏やかな海上をシーカヤックでお散歩 ¥2人乗り1400円・4〜10月の日曜・祝日、夏休みは毎日開催、受付は11時〜15時30分

START! 🚩

❶九十九島パールシーリゾート
くじゅうくしまぱーるしーりぞーと

九十九島の魅力を満喫しよう

九十九島を「見て・ふれて・感じる」ことができるリゾートスポット。波静かな海を爽快にクルーズする遊覧船「パールクィーン」は、自然の岩の造形や島々を間近で見られる人気メニュー。また、九十九島の海をそのまま再現した水族館「海きらら」では、幻想的な光のなかでクラゲを展示する癒やしのクラゲシンフォニードームやイルカプールなど海の魅力満載。

☎0956-28-4187 🏠佐世保市鹿子前町1008 ¥🕙施設により異なる 🏠無休 🚗西九州自動車道佐世保中央ICから車で7分 🅿700台（有料）**MAP**P105

▼大小の緑の島々が間近に見えるスポット

❷船越展望所
ふなこしてんぼうしょ

海に沈む夕日も絶景

九十九島パールシーリゾートから九十九島動植物園森きららへ向かう途中にある、バリアフリーの展望所。標高が低いので海を近くに感じられ、九十九島も間近に眺められる。夕日の時間帯は撮影スポットとして特に人気。

☎0956-22-6630（佐世保観光情報センター）🏠佐世保市船越町147 ¥🕙🏠見学自由 🚗九十九島パールシーリゾートから車で3分 🅿11台 **MAP**P105

約1.6km

九十九島名物のカキ焼き

九十九島産のカキを炭火で豪快に焼いて食べるなら「マルモ水産 海上かき焼き小屋」。殻付きかき1kg1150円〜(軍手・ナイフ,炭無料レンタル)。
☎0956-28-0602 **MAP**P105

▲花畑の中に遊歩道があり、のんびり散策できる

❸ 展海峰
てんかいほう

眼下に広がる大パノラマに感動!

九十九島を180度見渡せる、佐世保でも人気の展望台。時間によっては島々の間を遊覧船が行き交う光景が見られる。展望台下の広場には、春は菜の花、秋にはコスモスが15万本咲き誇り、季節の花を見に訪れる人も多い。

☎0956-22-6630(佐世保観光情報センター) 🏠佐世保市下船越町399 ¥🕐🏖見学自由 🚗九十九島パールシーリゾートから車で15分 🅿114台 **MAP**P105

約13km

▼標高364mから大自然と市街地を一望できる

❹ 弓張岳展望台
ゆみはりだけてんぼうだい

街も港も島もぐるっと見渡せる

佐世保市郊外にある展望台。九十九島と佐世保港、佐世保の市街地を望み、造船所のドックなども見渡せる。夜景スポットとしても人気。

☎0956-22-6630(佐世保観光情報センター) 🏠佐世保市小野町 ¥🕐🏖見学自由 🚗西九州自動車道佐世保中央ICから車で14分 🅿85台 **MAP**P105

約5km

約5.7km

GOAL

❺ ミサロッソ
みさろっそ

▲市役所の近くにある、赤くカラフルな外観の店

味もボリュームもモンスター級

ほんのり辛いピザ用のサルサソースをバーガーにトッピングしているのが特徴。たっぷりの具材とソースの一体感が楽しめ、食べた後からピリッと辛さがアクセントに。

☎0956-24-6737 🏠佐世保市万徳町2-15 🕐10〜19時 🏖火曜(祝日の場合は翌日) 🚗JR佐世保駅から車で10分 🅿4台 **MAP**P105・付録P11B1

3分割したバンズにダブルパティ、サルサソース、ベーコン、チーズなどをトッピングしたミサモンスター770円

📖 九十九島の海はカキの産地としても有名。小ぶりながらも身が引き締まり、プリプリとした食感が特徴です。

のどかな焼物の里 波佐見でお気に入りの器探し

JR佐世保駅から車で約60分

山々に囲まれて窯元の煙突が並ぶ、のどかな風景広がる陶器の里。
窯元をゆっくり見てまわれば、自分好みの器にきっと出合えるはずです。

＋波佐見（はさみ）って こんなところ

約400年の歴史を誇る 焼物の里

江戸時代から続く伝統ある窯元も多い「波佐見焼」の陶器は、現在も日用食器として全国に流通している。個性豊かでセンスのよい陶器を展示販売するショップや窯元が立ち並び、歩きまわるだけでも楽しいエリア。生活雑貨のセレクトショップやカフェもあり、みどころがいっぱい。

問合せ☎0956-85-2111（波佐見町商工観光課）☎0956-85-2290（波佐見町観光協会） アクセス JR三河内駅から車で15分、JR川棚駅から車で15分、JR有田駅から車で15分 レンタカー ☎0956-25-4021（駅レンタカー 佐世保駅） 広域MAP付録P12

徒歩すぐ

❷ なかおやま うつわどころ あかいぐら 中尾山 うつわ処 赤井倉

のんびりと波佐見焼を選ぼう

広い座敷や縁側のあるくつろぎ空間で、厳選された約70の窯元の波佐見焼をゆっくりと手に取って選べる。作品はいずれもリーズナブルなものばかりなので安心。

☎0956-85-3359 住波佐見町中尾郷929 営10〜17時 休水曜 交西九州自動車道波佐見有田ICから車で10分 P10台 MAP付録P12C4

Start!

最も波佐見らしい雰囲気を感じられる場所。パンフレットなども置いてあるので要チェック！

❶ やきもの公園から車で10分 とうぼう あお 陶房 青

日々の暮らしを彩る和みの器

波佐見焼の伝統を守りつつ新しいデザインも自在に取り入れ、使いやすさを重視した器を作り続けている工房。ろくろを回す様子を見学しながら器選びができる。

☎0956-85-4344 住波佐見町中尾郷982 営8時30分〜17時 休土・日曜、祝日 交西九州自動車道波佐見有田ICから車で20分 P2台 MAP付録P12C4

1暮らしのなかに取り入れたいデザイン豊富な陶器が並ぶ 2オリーブ 楕円皿2750円 3オリーブ マグカップ3960円

1国の有形文化財に指定された、古民家を一部改修した店舗 2marco japan hasamiシリーズのラインボーダー（5.0）のプレート792円 3marco japan hasamiシリーズの花結晶オーバルプレート2112円

車で7分

予約制の「切り絵付け体験」が人気

南創庫2階で行う「切り絵付け体験」が好評。転写紙を切り貼りしてオリジナルの器を作ります。所要1〜2時間、基本料金1名1200円＋器代（400円〜）。
☎0956-76-7214

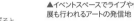

徒歩すぐ

4

▲イベントスペースでライブや個展も行われるアートの発信地

もんね ぽると

monné porte

アートを感じ表現したくなる空間

旧焼き物工場跡地を利用し、作家の作品の展示・販売を行っているオルタナティブスペース。「自らアートを作ってもらえたら」と、画材や文具なども販売している。

☎0956-76-7163 住波佐見町井石郷2187-4 時11〜18時 休水曜 交西九州自動車道波佐見有田ICから車で13分 P50台 MAP付録P12B4

車で5分

▲ひとつひとつ手仕事で作られる陶磁器は、少しずつ表情が違って見える

5 Goal!

みなみそうこ

南創庫

暮らしが楽しくなるモノに出合える

焼物工場の倉庫を改築し、波佐見発のブランド「essence of life」のほかに6つの個性あるブランドを展示・販売。日常のアクセントになる器を見つけてみて。

☎0956-76-7214 住波佐見町井石郷2187-4 時11〜18時 休水曜 交西九州自動車道波佐見有田ICから車で13分 P20台 MAP付録P12B4

▼1階は陶器類の販売、2階は切り絵付けの体験スペース

◀グッドデザイン賞を受賞した製品も多数あり

3

はくさんとうきほんしゃしょーるーむ

白山陶器本社ショールーム

機能性の高い普段使いの器が揃う

「使いやすく生活になじむもの」をコンセプトに、工場敷地内のショールームにて展示販売。シンプルながら飽きのこないデザインで、使う人の目線を大切にしている。

☎0956-85-3251 住波佐見町湯無田郷1334 時10〜17時 休木曜、第2日曜 交西九州自動車道波佐見有田ICから車で10分 P15台 MAP付録P12C4

1 G型しょうゆさし 小 グリーン1650円は1958年から作られている代表作 **2** 平茶わんST-153300円は100種類以上の絵柄から選ぶことができる

1

2

3 まゆ花瓶 黄マット3300円はまろやかな膨らみをもつ楕円のフォルムが特徴的な花器

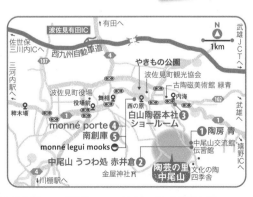

毎年4月上旬には中尾山一帯で「中尾山桜陶祭」を開催。器の販売はもちろん、普段見ることのできない窯元が一般公開されます。

ふむふむコラム fumu fumu

「長崎と天草地方の潜伏キリシタン関連遺産」③

フランシスコ・ザビエルが布教を行った平戸周辺は
今でもキリスト教関連の遺産が数多く残っています。

布教から繁栄、潜伏、復活の歴史を物語る

フランシスコ・ザビエルの平戸来航によってキリスト教が花開いた長崎県。当初は日本のキリスト教の拠点として栄えたが、島原・天草一揆以降は、キリシタン弾圧が厳しくなり、信者たちは潜伏して信仰を続けるようになった。平戸の聖地と集落や島原・天草一揆の舞台となった原城跡は、多くの弾圧の傷跡を残している。また、黒島は長崎や五島などから信者が移住した島で、解禁後は島の中心部に大きな教会堂が建てられた。

1 原城跡 2 春日集落
3 明治時代に建てられた黒島天主堂内部

写真提供:(一社)長崎県観光連盟

はらじょうあと
原城跡

潜伏信仰の始まり

日野江城の支城として1600年初頭に有馬晴信が築城。寛永14年(1637)、天草四郎を中心にキリシタンが蜂起した「島原・天草一揆」の舞台となった。2万人を超えるキリシタンが鎮圧され、禁教のきっかけとなった世界遺産のストーリーの出発点となる遺跡である。原城跡からは、大量の人骨や十字架などが発掘されている。 住南島原市南有馬町 Y⦿休見学自由 交バス停原城前から徒歩15分 P50台 MAP付録P2D4

ひらどのせいちとしゅうらく(かすがしゅうらくとやすまんだけ)(なかえのしま)
平戸の聖地と集落(春日集落と安満岳)(中江ノ島)

禁教時代の景観をとどめる

平戸島の西岸部に位置する春日集落は、禁教期にキリシタン信仰を継続してきた集落で、当時の景観を今にとどめている。平戸島と生月島の沖合いに浮かぶ中江ノ島は、禁教初期に信者が処刑された場所で、隠れキリシタンにとって、聖水を採取する聖地とされている。 住平戸市 Y⦿休見学自由 交平戸大橋から生月方面へ車で約30分 MAP付録P3A1

くろしまのしゅうらく
黒島の集落

レンガ造教会堂は明治期建立

外海や五島からの移住者によってキリスト教が根付いた黒島。レンガ造の教会堂、黒島天主堂は明治35年(1902)、マルマン神父の設計で完成した。美しいステンドグラスと高窓を備えたロマネスク調の空間には、有田焼タイルや黒島の御影石なども使われている。 住佐世保市黒島町 Y⦿休黒島天主堂見学は事前に連絡 交相ノ浦港から島まで船で50分、黒島白馬港から徒歩30分 MAP付録P3A2

※教会堂見学の事前連絡や問い合わせは、長崎と天草地方の潜伏キリシタン関連遺産インフォメーションセンターへ。
https://kyoukaigun.jp ☎095-823-7650 住長崎市出島町1-1-205長崎出島ワーフ2階 MAP付録P7A3

雲仙・島原で
城下町をぶらり歩き、温泉宿でほっこり

深いお堀に囲まれた島原城を中心に
武家屋敷の街並みが残る島原は、和の情緒たっぷり。
散策後は、もくもくと湯気が上る雲仙の宿で
のんびりと温泉に浸かりましょう。

雲仙・島原の観光エリアと
まわり方のコツを予習しましょう

それぞれ泉質の異なる温泉が楽しめる雲仙、島原。
長崎からは少し距離がありますが、ぜひ訪れてみてください。

雲仙・島原へのアクセス

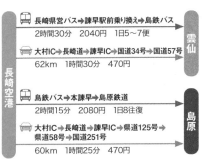

🚌 長崎県営バス➡諫早駅前乗り換え➡島鉄バス				雲仙
2時間30分	2040円	1日5〜7便		
🚗 大村IC➡長崎道➡諫早IC➡国道34号➡国道57号				
62km	1時間30分	470円		

長崎空港

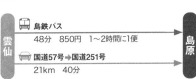

🚌 島鉄バス➡本諫早➡島原鉄道			島原
2時間15分	2080円	1日8往復	
🚗 大村IC➡長崎道➡諫早IC➡県道125号➡県道58号➡国道251号			
60km	1時間25分	470円	

🚌 島鉄バス			島原
48分	850円	1〜2時間に1便	
🚗 国道57号➡国道251号			
21km	40分		

雲仙

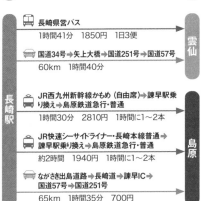

🚌 長崎県営バス			雲仙
1時間41分	1850円	1日3便	
🚗 国道34号➡矢上大橋➡国道251号➡国道57号			
60km	1時間40分		
🚄 JR西九州新幹線かもめ（自由席）➡諫早駅乗り換え➡島原鉄道急行・普通			島原
1時間30分	2810円	1時間に1〜2本	
🚄 JR快速シーサイドライナー・長崎本線普通➡諫早駅乗り換え➡島原鉄道急行・普通			
約2時間	1940円	1時間に1〜2本	
🚗 ながさき出島道路➡長崎道➡諫早IC➡国道57号➡国道251号			
65km	1時間35分	700円	

長崎駅

雲仙・島原のまわり方

長崎空港から雲仙までは直行するアクセスがないので、諫早で乗り継ぎが必要となります。島原へは諫早駅から島原鉄道で行くことができます。また、雲仙、島原ともにまわる場合は、公共交通機関の便数が少なく乗り継ぎも不便なので、レンタカーも選択肢の一つです。

情報収集はコチラで

雲仙温泉観光案内所

雲仙のみどころや食事処、宿泊施設などの旬な情報を提供。温泉街の散策マップも用意しています。

☎0957-73-3434 🏠雲仙市小浜町雲仙320 🕘9〜17時 休無休 🚌バス停小地獄入口から徒歩2分 🅿なし MAP付録P13A3

観光ガイド大手門番

島原城の近くにある観光ガイドの詰所。ボランティアガイドが城下町や火山観光などを観光案内します。

☎0957-62-0655(島原半島観光連盟) 🏠島原市今川町1850-2 休火曜 🚌島原鉄道島原駅から徒歩5分 🅿なし MAP付録P13B1

①

おばまおんせん
小浜温泉

・・・P116

橘湾に面した、美しい夕日が楽しめる海沿いの温泉地。日本一長い足湯もあります。

ここをチェック
温泉宿 ☞P116
海沿いに、豊かな湯量の塩湯と美しい夕日が楽しめる温泉宿が並ぶ。

諫早市
諫早湾
干拓事業地
釜ノ鼻駅
諫早へ
57
諫早高校前

ここをチェック

雲仙地獄 P112
硫黄の香りが漂い、一面に地底から噴き出す白い噴煙が立ち込める。展望台もある。

仁田峠展望所 P119
雲仙温泉の東に位置する峠。春はミヤマキリシマ、秋は紅葉の名所。ロープウェイもある。

雲仙ビードロ美術館 P119
アンティークガラスを堪能できる美術館。ガラス作り体験も。

うんぜん 雲仙 ②

・・・P112

明治期に外国人避暑地として開かれた温泉地。日本で最初に国立公園に指定されました。

諫早湾 / 西郷駅 / 大正駅 / 古部駅 / 251 / 阿母崎駅 / 吾妻駅 / 愛野駅 / 鶴亀城跡 / 神代駅 / 多比良港 / 多比良駅 / 有明湯江駅 / 大三東駅 / 松尾駅 / 有明フェリー(多比良〜長洲) / 雲仙グリーンロード / 島原鉄道 / 三会駅 / 島原新港

N 0 2km

山本美術館 / 愛野展望台 / 戸崎鼻 / 橘神社 / 温泉岳 / 島原半島 / 島原市 / 雲仙市 / 58 / 389 / 平成新山ネイチャーセンター / 普賢岳 / 雲仙岳 / 妙見岳 / 平成新山 / 仁田峠展望所 / 島原 ③ / 島原駅 / 霊丘公園体育館駅 / 島原船津駅 / 島原港駅 / 九十九島 / 島原港 / 中安徳IC / 道の駅みずなし本陣ふかえ / がまだすドーム / 57 / 橘湾 / 57 / 雲仙温泉 / 小浜温泉 ① / 俵石展望所 / 高岩山 / 南島原市 / 口之津へ / 251 / 389 / 口之津へ

ここをチェック

島原城 P114
有明海や雲仙岳を望む白亜の天守閣。高く頑丈な石垣が特徴。天草四郎の像もある。

武家屋敷 P114
島原城の北西にあり、島原藩の下級武士たちの住居が立ち並ぶ純和風の通り。

鯉の泳ぐまち P115
清冽な流れの水路を鯉が泳ぐさまは、水の都・島原のみどころの一つ。

しまばら 島原 ③

・・・P114

市内各所に湧水があり、「水の都」とよばれる素朴な城下町。温泉も楽しめます。

温泉リゾート雲仙で
湯煙上がる地獄巡り

硫黄の香りと湯煙に包まれた、国立公園内にある温泉地・雲仙。
遊歩道を歩きながら、温泉街周辺に点在する地獄巡りを楽しみましょう。

雲仙（うんぜん）って
こんなところ

山々に抱かれたレトロな温泉地

明治時代、外国人の避暑地として
賑わった雲仙は日本初の国立公園。
四季折々の山の風景は特に美しく、
仁田峠からの展望は絶景。乳白色
のトロリとしたお湯が心地いい温泉
も楽しみの一つ。

問合せ☎0957-73-3434（雲仙観光局）
アクセス長崎駅から長崎県営バス（特急
便）で1時間40分、雲仙お山の情報館下車
広域MAP付録P13

雲仙地獄（うんぜんじごく）

噴煙の中を歩いて地獄を体感

キリシタンの殉教地でもある雲仙地
獄。周辺には硫黄臭が漂い、高温
の温泉と白い煙が噴き出すさまはま
さに地獄のよう。活火山・雲仙岳の
地熱活動によって噴煙箇所は今も
増え続けている。

☎0957-73-3434（雲仙観光局）**住**雲
仙市小浜町雲仙320 **¥**●**休**見学自由 **交**
バス停雲仙お山の情報館からすぐ **P**なし
（周辺に有料Pあり）**MAP**付録P13A3

遊歩道沿いには約30もの地獄が点在し、間近で観察できる

激しい噴煙が
物語る悲しい歴史

せいしちじごく
清七地獄

キリシタン弾圧が厳し
かった江戸時代初期、
長崎の熱心な信者・
清七がここで処刑さ
れた際に噴き出したと
いわれる ❶

邪淫を戒める
ような激しい噴出

おいとじごく
お糸地獄

昔、島原のお糸という
女性が不倫相手と共
謀し夫を殺害。その罪
で処刑されたのと同じ
ころに噴出したのでこ
の名がついた ❷

おすすめルート
❶清七地獄 → ❷お糸地獄 → ❸雲仙地獄茶屋 → ❹展望台 → ❺大叫喚地獄 → ❻旧八万地獄 → ぐるっとまわって40分

▶雲仙散策には「温泉レモネード」1本（330㎖）300円を。温泉街のいろんな店舗で販売中

雲仙情報がいっぱい！
雲仙に来たら「雲仙お山の情報館」で観光情報をゲットしましょう。火山や温泉のしくみを紹介したジオラマや模型の展示のほか、自然観察会などのイベントも開催。
☎0957-73-3636 **MAP** 付録P13A3

地面から感じる天然の温もり

30～40mの噴気は迫力満点‼

きゅうはちまんじごく
旧八万地獄
地熱活動を停止した地獄。煙によって色濃く変色した地面ほど温かい。周辺には植物も自生している ⑥

だいきょうかんじごく
大叫喚地獄
叫び声のような噴気音にちなんで名付けられた。活動が活発で、120℃もの蒸気や熱泉が噴出する ⑤

地獄を一望できるビュースポット

天然蒸気で蒸したホクホクたまご

うんぜんじごくちゃや
雲仙地獄茶屋
地獄の高温水蒸気を利用して蒸される名物の温泉たまご（2個200円・塩付き）は売店で販売 ③

てんぼうだい
展望台
遊歩道途中の高台にある展望台。地獄はもちろん、周囲の山々も見渡せる撮影ポイントだ。近くにはキリシタン殉教碑も ④

雲仙地獄MAP

50m

矢岳へ→
展望台 ④
キリシタン殉教碑
❺大叫喚地獄
・邪見地獄
お糸地獄 ❷
❸雲仙地獄茶屋
八万地獄展望台
・地獄地蔵
・地獄地獄
三途の川
島原・仁田峠へ
温泉神社
・八万地獄
・雀地獄
いぶき地獄
❶清七地獄
57 雲仙お山の情報館
・雲仙
雲仙お山の情報館
小地獄地獄
❻旧八万地獄
雲仙温泉観光協会
←小浜温泉へ

水のきれいな風情ある城下町 島原をのんびり歩きましょう

ぐるっとまわって 約3時間

雲仙山系からの伏流水が豊富に湧き出す島原。昔も今も生活用水として、観光名所のあちらこちらに自然の恵みが生きています。

＋島原ってこんなところ
しまばら

湧水の水路に鯉が泳ぐ城下町

かつては松平氏7万石の城下町として栄えた島原。武家屋敷の風情が残る街には水路がめぐり、市内に約60カ所もある湧水から清らかな流れがもたらされている。散策の合間には、湧水を利用した島原名物も楽しんで。

[問合せ] ☎0957-63-1111(島原市しまばら観光課) [アクセス]長崎駅から西九州新幹線かもめで約10分の諫早駅で島原鉄道に乗り換え1時間、島原駅下車
[広域MAP]付録P13

START! 島原駅

徒歩10分

📷島原城
しまばらじょう

深いお堀に囲まれた荘厳な居城

2024年に築城400年を迎える島原城は、藩主・松倉重政によって約7年の歳月をかけて築かれた城。白亜五層の天守閣内は、キリシタン史料館や郷土史料館になっている。

☎0957-62-4766 [住]島原市城内1-1183-1 [¥]入館700円(天守閣、西望記念館、観光復興記念館の3館共通) [時]9時～17時30分 [休]無休 [交]島原鉄道島原駅から徒歩10分 [P]100台(有料) [MAP]付録P13B1

1 本丸は水堀に囲まれ、高い石垣が特徴的 **2** キリシタン文化を物語る貴重な史料を展示

徒歩8分

📷武家屋敷
ぶけやしき

石垣と水路をたどる歴史散歩

島原城の西に続く古い街並みに、藩政時代に武士たちが住んでいた邸宅が残され当時の様子がうかがえる。道の中央には生活用水として使われていた水路が流れている。

☎0957-63-1111(島原市しまばら観光課) [住]島原市下の丁 [¥]無料 [時]9～17時 [休]見学自由 [交]島原鉄道島原駅から徒歩10分 [P]20台 [MAP]付録P13A1

▲山本邸、篠塚邸、島田邸が一般公開されている
◀水路のせせらぎを聞きながらゆったり散策を

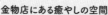

金物店にある癒やしの空間

明治10年（1877）創業の猪原金物店に併設された「茶房＆ギャラリー速魚川」。中庭を囲むような造りの茶房では、島原野菜カレー1100円などの島原名物が味わえます。

☎0957-62-3117 **MAP** 付録P13B1

徒歩すぐ

徒歩5分

▲水の都を象徴する美しい通り

ちょっと立ち寄り

「鯉の泳ぐまち」の水源の一つでもある「湧水庭園 四明荘」。明治後期に建てられた屋敷でゆっくり休憩できる。

☎0957-63-1121 **住**島原市新町2-125 **¥**400円 **◎**9〜18時 無休 **◎**島原鉄道島原駅から徒歩10分 **P**なし **MAP**付録P13B2

🍽 鯉の泳ぐまち
こいのおよぐまち

城下町を彩る鮮やかな水路

水の都・島原といわれるほど、豊富な水が湧き出る市内。澄んだ水が流れる道路脇の水路には色とりどりの錦鯉が放流され、優雅に泳ぐ姿を自由に見ることができる。

☎0957-63-1111（島原市しまばら観光課）**住**島原市新町2 **¥**無料 **◎**島原鉄道島原駅から徒歩7分 **P**なし **MAP**付録P13B2

▲2階は約1000種類の招き猫を展示する「島原招き猫屋敷」

🍵 しまばら水屋敷
しまばらみずやしき

GOAL!

やわらかく懐かしい味わい

島原の豪商が建てたという和洋折衷な造りの商人屋敷を利用した茶店。湧水にさらした白玉が入った「かんざらし」440円〜が名物。庭園を眺めながらののんびり味わいたい。

☎0957-62-8555 **住**島原市万町513-1 **◎**11時〜16時30分 **休**不定休 **◎**島原鉄道島原駅から徒歩7分 **P**なし **MAP**付録P13B2

かんざらしとは？

ひと粒が小さめの白玉をゆでて冷たい湧水でさらし、冷えた甘〜い蜜の中へ。素朴な味わいの島原スイーツ。

徒歩10分

具雑煮って？
ぐぞうに

かつおだしが利いたコクのあるスープに、餅や白菜、ゴボウ、穴子、かまぼこ、鶏肉、シイタケ、レンコンなどの具材が入った島原の郷土料理。

具雑煮 並1200円
具だくさんなのに260キロカロリーとヘルシー

徒歩8分

🍽 元祖具雑煮姫松屋本店
がんそぐぞうにひめまつやほんてん

島原の郷土料理にほっこり

創業200余年を誇る老舗店。島原の乱の際、天草四郎が考案した兵糧食が始まりという具雑煮は、海と山の幸が13種類も入った栄養満点食。

☎0957-63-7272 **住**島原市城内1-1208-3 **◎**11〜19時（6〜7月のみ土日を除き18時閉店）**休**第2火曜（変更の場合あり）**◎**島原鉄道島原駅から徒歩10分 **P**50台 **MAP**付録P13B1

◀島原城のすぐ隣にあり観光にも便利

START
島原駅
茶房＆ギャラリー速魚川
GOAL
さかきばら郷土史料館
武家屋敷
島原商館
島原城
島原市役所 大手✿
元祖具雑煮姫松屋本店
安養寺✿
しまばら水屋敷
鯉の泳ぐまち
湧水庭園 四明荘
善法寺
諫早駅へ
島原鉄道
島原港駅へ
ゆとろぎの湯
300m

雲仙・島原

温泉のパワーでキレイに
雲仙・小浜温泉の癒やしの宿
おばまおんせん

良質な温泉が豊富に湧き出る雲仙＆小浜温泉。
温泉プラスαの魅力あふれる宿で、キレイを手に入れましょう！

雲仙

まうんてんりぞーと うんぜんきゅうしゅうほてる
Mt.Resort 雲仙九州ホテル

雲仙温泉街の中心部に立つ上質な大人のホテル。客室は、テラスから雲仙の山々や地獄を眺められる宿泊棟と、プライベート感を重視した離れがある。食事は、欧風料理中心のシェフ厳選コースで、カフェやラウンジでは、宿泊客は無料でドリンクを楽しめる。

☎0957-73-3234 🏠雲仙市小浜町雲仙320 🚍バス停雲仙お山の情報館からすぐ 🅿30台 🛏全25室(ダブルおよびツインの和洋室21、離れ4) MAP付録P13A3

＋1泊2食付き料金
平日2万9000円〜
休前日3万円〜
＋時間
IN15〜20時、
OUT11時

雲仙の魅力を存分に堪能できる上質な大人のリゾートホテル

★おすすめポイント★

**宿泊者専用の
テラスラウンジ**
雲仙の自然や星空、月明かりの下で過ごす特別感が最高

1 セミダブルツインの和洋室。60平米以上という広さ 2 創業時の面影を残すメインダイニング「1917」 3 半露天風呂からは雲仙の風景を眺められる

小浜

りょかん くにさき
旅館 國崎

客室全10室のこぢんまりとした隠れ家のような宿。温泉かけ流しの温泉と地物料理でもてなしてくれる。温泉も多彩で、なかでも貸切の石風呂では、湯浴みをしながらお酒を楽しむこともできる。

☎0957-74-3500 🏠雲仙市小浜町南本町10-8 🚍バス停公立小浜病院前から徒歩3分 🅿15台 🛏全10室(和7・和洋3) ●2013年改装 MAP付録P13B4

＋1泊2食付き料金
平日1万6500円〜
休前日1万7600円〜
＋時間
IN15時、OUT10時

小浜の路地裏にたたずむ大人のための小さな隠れ宿

★キレイポイント★

**地物料理を
堪能できる**
近海でとれた魚介類や島原半島の野菜・肉を使った地物料理が自慢

1 日常を忘れさせてくれる路地裏の隠れ宿 2 3種の貸切風呂は予約不要 3 和室は利用人数により異なるタイプが選べる

雲仙
ゆやどうんぜんしんゆ
ゆやど雲仙新湯

敷地内に自噴する4つの源泉。大浴場や露天風呂のほかに家族風呂や露天付き客室まである。宿を中心に半径15マイル圏内、島原半島の海・山の新鮮な恵みをふんだんに使用した会席料理も好評。

☎0957-73-3301 🏠雲仙市小浜町雲仙320 🚌バス停雲仙お山の情報館から徒歩3分 Ｐ50台 🛏全49室（和21・和洋26・洋2）●1986年改装 MAP付録P13A4

1 スタンダードな12.5畳の和室
2 豊富な温泉で湯めぐりを楽しもう

「島原半島15マイル宣言」を掲げる
4つの源泉をもつ湯宿

＋1泊2食付き料金＋
平日1万9800円〜
休前日2万2000円〜
＋時間＋
IN15時、OUT10時

＊キレイポイント＊

山の幸、海の幸をたっぷり召しあがれ！
有明海でとれた魚介類や地元の農産物で作るヘルシーな料理

雲仙
みんげいもだんのやど うんぜんふくだや
民芸モダンの宿
雲仙福田屋

情緒あふれる民芸モダンの趣と、シティホテルの快適さを併せもつ温泉ホテル。露天・内湯・貸切の湯は、いずれも源泉かけ流しの白濁湯。客室は本館27室、別館7室で、全11タイプ。展望露天風呂付きの部屋もある。

☎0957-73-2151 🏠雲仙市小浜町雲仙380-2 🚌バス停雲仙小地獄入口からすぐ Ｐ40台 🛏全34室（和11・和洋28・洋1）MAP付録P13A4

1 露天、サウナ付きのパノラマルーム
2 和洋料理スタッフが力を結集

雲仙温泉の入口に位置する
民芸モダン温泉旅館

＋1泊2食付き料金＋
平日1万3860円〜
休前日1万6060円〜
＋時間＋
IN15時、OUT10時

＊キレイポイント＊

パノラマ露天
宿泊者専用のパノラマ露天薫風の湯でゆったりとリラックス

小浜
ほてる おれんじ べい
ホテル オレンジ ベイ

すべての客室がオーシャンビュー。本館は全室のバルコニーに天然温泉のかけ流し式展望露天風呂を完備した、シンプルで上質なプライベートホテル。朝食は目の前に広がる海を眺めながら全室部屋食で。

☎0957-76-0881 🏠雲仙市小浜町マリーナ20-3 🚌小浜バスターミナルから徒歩10分 Ｐ20台 🛏全11室（洋10・和洋1）●2005年開業 MAP付録P13B3

1 2023年4月にリニューアルした本館の客室 2 本館の客室展望露天風呂

橘湾に沈む夕日をバルコニーの展望露天て堪能

＋1泊朝食付き料金＋
平日1万4500円〜
休前日1万5500円〜
＋時間＋
IN15時、OUT11時

＊キレイポイント＊

エステプラン
オーガニックアロマオイルを使ったリンパマッサージ

雲仙・島原 ● 雲仙・小浜温泉の癒やしの宿

ノスタルジックな時が流れる
リゾートホテルで過ごす雲仙

良質な温泉、豊かな自然に恵まれた雲仙は古くから外国人の避暑地として親しまれてきまし
洋風スタイルのホテルは当時の雰囲気を残しつつ、時代のニーズに合わせて変わり続けていま

1 重厚感ある梁や柱が印象的なロビー。随所にアンティーク家具が配され、クラシックな雰囲気を醸し出している
2 木立の奥にたたずむスイスシャレー風の建物

雲仙

うんぜんかんこうほてる
雲仙観光ホテル

昭和初期の趣あふれる
クラシックホテル

古くから外国人避暑地だった雲仙に、外国人観光客誘致の国策として昭和10年（1935）にオープン。九州でも指折りのクラシックホテルで、スイスシャレー風の建築も印象的だ。レストランやバー、温泉のほか図書館などもあり、のんびり贅沢な時間を過ごせる。

☎0957-73-3263 住雲仙市小浜町雲仙320 交バス停小地獄入口から徒歩3分 P30台 室全39室(洋39) ●1935年開業 MAP付録P13A4

+ 1泊2食付き料金 +
平日3万5200円～
休前日3万8500円～
+ 時間 +
IN14時、OUT11時

🎀 **客室とお風呂** 🎀
19世紀イギリスの芸術家、ウイリアム・モリスの壁紙を使用した客室と、おしゃれな猫足のバスタブ

🎀 **温泉浴室** 🎀
ドーム型の天井やステンドグラス、アールデコ調タイルなど、洋館ならではの温泉浴室。露天もある

おみやげに

お菓子の家
7種9袋2500円
パティシエが丁寧に作った焼菓子のセット。ホテルをイメージしたパッケージも愛らしいこだわりのチーズケーキも人気

🎀 **ダイニングルーム** 🎀
高い天井と磨かれた木の床が印象的なダイニングルーム。ゆったりとした空間で、地産地消の料理を楽しめる

🎀 **お食事** 🎀
旬の素材を使用したフレンチを堪能できる。ランチのみの利用も可能。ランチ2299円～（要予約）、ディナー1万8150円～

🚌 バス停から徒歩3分以内 💆 エステあり 🚭 禁煙ルームあり 🛏 ひとり宿泊OK ♨ 大浴場あり

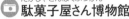

雲仙・島原のおすすめスポット

雲仙
駄菓子屋さん博物館
だがしやさんはくぶつかん

昭和レトロな駄菓子屋さん

温泉街になじんだ昭和な雰囲気の建物。1階には懐かしい駄菓子やプラモデルがズラリ。2階(一時的に閉鎖中)は駄菓子グッズ専門の博物館で、約5000点が展示されている。大人も子どもも思わず夢中になる店だ。**DATA**☎0957-73-3441 住雲仙市小浜町雲仙310 ¥入館200円 ⏰10時～17時30分 休不定休 交バス停島鉄雲仙営業所前からすぐ P3台 MAP付録P13A3

雲仙
仁田峠展望所
にたとうげてんぼうしょ

季節の花や霧氷が美しい

平成新山や有明海を一望できる標高1080mにある展望所。ミヤマキリシマや霧氷が有名で、四季折々の景観がすばらしい。**DATA**☎0957-73-3434 (雲仙観光局) 住雲仙市小浜町雲仙 ¥見学無料 ⏰8～18時 (11～3月は～17時) 休悪天候時 (仁田峠循環自動車道通行止あり) 交長崎自動車道諫早ICから車で1時間30分 P200台 MAP付録P2D4

雲仙
雲仙ビードロ美術館
うんぜんびーどろびじゅつかん

アート鑑賞と工作体験が楽しめる

現代ガラスや19世紀のボヘミアンガラスなど収蔵300点の作品を収蔵・展示したガラスの美術館。工作体験は、サンドブラストやガラスのアクセサリー作りなどが楽しめる。ミュージアムショップも併設。**DATA**☎0957-73-3133 住雲仙市小浜町雲仙320 ⏰9時30分～17時(最終入館16時40分) 休水曜 交バス停小地獄入口からすぐ P50台 MAP付録P13A3

島原
遠江屋本舗
とおとうみやほんぽ

雲仙温泉街のおみやげ処

小麦粉と砂糖、卵に温泉水を練り込んで焼き上げた雲仙名物の湯せんぺいの老舗店。定番の箱入り湯せんぺい14枚入りは650円。湯せんぺい&ソフトクリーム400円のほか、クリームをサンドした温泉ゴーフレット200円などアレンジ商品も人気。☎0957-73-2155 住雲仙市小浜町雲仙317 ⏰8時30分～19時 休木曜 交バス停雲仙からすぐ Pなし MAP付録P13A3

雲仙
雲仙焼窯元
うんぜんやきかまもと

繊細な美しさが目を引く

昭和10年(1935)ごろに開いた雲仙焼窯元は、雲仙の土や釉薬を使い、特に普賢岳火山灰や伊羅保釉薬などを得意とする。現在は石川裕基氏が引き継ぎ、今の時代に沿った繊細で品格のある日用食器を焼いている。陶芸体験3300円～(送料別)。**DATA**☎0957-73-2688 住雲仙市小浜町雲仙304 ⏰9～18時(事前に電話確認を) 休不定休 交バス停島鉄雲仙営業所前から徒歩3分 P3台 MAP付録P13A3

小浜温泉
オカモト・シェ・ダムール 小浜店
おかもと・しぇ・だむーる おばまてん

海を眺めながらおいしいケーキ

アイディアいっぱいのショートケーキやアントルメ焼き菓子、パンも種類豊富に揃う。橘湾を一望できるカフェを併設。終日(イベント開催日は除く)ケーキバイキングも好評。**DATA**☎0957-74-5288 住雲仙市小浜町マリーナ18-1 ⏰10～12時、13～18時 休火・水曜(祝日の場合変更あり) 交小浜バスターミナルから徒歩5分 P30台 MAP付録P13B4

島原
青い理髪館 工房モモ
あおいりはつかん こうぼうもも

大正ロマン漂う喫茶室

大正時代に建てられた木造のレトロな喫茶店。かつて理髪店だったころの家具や道具が置かれた店内は、当時にタイムスリップしたような気分になる。レアチーズケーキセット780円が人気メニュー。**DATA**☎0957-64-6057 住島原市上の町888-2 ⏰10時30分～18時(17時30分LO) 休不定休 交島原鉄道島原駅から徒歩5分 P4台 MAP付録P13B1

雲仙
小地獄温泉館
こじごくおんせんかん

風情ある木造の湯治場

江戸時代から続く名湯で、白濁色の硫黄泉。神経痛や皮膚病に効果があるといわれている。かの吉田松陰も訪れたとか。**DATA**☎0957-73-3273 (雲仙温泉 青雲荘) 住雲仙市小浜町雲仙500-1 ¥入浴500円 ⏰9時30分～19時(営業時間は予告なく変更あり) 休無休 交バス停雲仙西入口から徒歩10分 P200台 (雲仙温泉 青雲荘駐車場利用) MAP付録P13A4

小浜温泉
ほっとふっと105
ほっとふっといちまるご

小浜の名所、日本一長い足湯

小浜温泉の源泉約105℃にちなんだ、全長105mという日本一長い足湯。橘湾を眺められる腰かけ湯や、ウォーキング足湯、ペット足湯がある。**DATA**☎0957-74-2672 (小浜温泉観光案内所) 住雲仙市小浜町北本町905-71 ¥入浴無料 ⏰9～19時(季節変動あり) 休不定休 交小浜バスターミナルから徒歩5分 P97台(1回250円) MAP付録P13B3

📖 島原市にはジオと火山について学べる体験ミュージアム「がまだすドーム」があり、雲仙岳噴火災害と復興を学べます。MAP付録P2E4

長崎へのアクセス

東京、名古屋からは飛行機、京阪神からは山陽新幹線を利用し、博多駅で長崎方面行きへ乗り換えよう。九州各地からは高速バスもおすすめ。

全国から長崎・福岡へ

2023年8月現在

東京から	羽田空港	✈ ANA　JAL　SNA　SKY 1時間50分（SKY＝神戸経由便で3時間5分）　1日17便	→	長崎空港
		✈ ANA　JAL　SFJ　SKY 1時間50分　1日56便	→	福岡空港
名古屋から	中部空港	✈ ANA 1時間25分　1日2便	→	長崎空港
		✈ ANA　IBX　SFJ　JJP 1時間25分　1日13便	→	福岡空港
	名古屋（小牧）空港	✈ FDA　JAL 1時間25分　1日5便	→	
大阪から	伊丹空港	✈ ANA　JAL 1時間20分　1日8便	→	長崎空港
		✈ ANA　JAL　IBX 1時間15分　1日10便	→	福岡空港
	関西空港	✈ APJ 1時間15分　1日1便	→	長崎空港
		✈ APJ 1時間15分　1日4便	→	福岡空港
	新大阪駅	🚄 JR新幹線のぞみ　みずほ　さくら　→博多駅　JR特急リレーかもめ　武雄温泉駅　JR新幹線かもめ 4時間25分　2万640円（さくら利用＝1万9900円）　1時間に1〜2本	→	長崎駅
福岡から	博多駅	🚄 JR特急リレーかもめ　武雄温泉駅　JR新幹線かもめ 1時間35分　6050円　1時間に1〜2本	→	長崎駅
	博多BT	🚌 九州急行バス＝九州号（スーパーノンストップ便） 2時間23〜42分　2900円　1時間に1〜3便	→	長崎駅前
熊本から	熊本駅	🚄 JR新幹線さくら　つばめ　新鳥栖駅　JR特急リレーかもめ　武雄温泉駅　JR新幹線かもめ 1時間55分　9370円　1時間に1〜2本	→	長崎駅
	熊本桜町BT	🚌 九州産交バス＝りんどう号 3時間45分　4200円　1日4便（減便運行中）	→	長崎駅前

※所要時間は目安で、列車・便により異なります。また、所要時間には一般的な乗り換え時間を含みます。
※航空のねだんは、搭乗日や利用便の空席状況などにより変動します。詳しくは各社のホームページをご覧ください。
※BT＝バスターミナル

🚩 交通アドバイス

✈ 飛行機で行くなら

大手航空会社は、ほぼ1年前から航空券の予約をすることができる。スーパーバリュー（ANA）やスペシャルセイバー（JAL）といった早期購入割引運賃があり、75日・55日・45日・28日・21日前までに購入をするとオトク。利用時期や空席状況でねだんが変わってくる。予約期間や購入期限、取消手数料など条件は各社HPで確認を。

🚌 鉄道で行くなら

大阪方面から長崎駅へは、スーパー早特きっぷがオトク。山陽・九州新幹線と特急リレーかもめ・西九州新幹線かもめの指定席を、博多駅または新鳥栖駅と武雄温泉駅で乗り継ぐ。乗車の1カ月〜14日前にJR西日本のネット予約で席数限定販売。大阪・神戸市内から1万5850円。2024年3月31日乗車分まで発売。以後は要確認。

🚌 バスで行くなら

九州内と下関地区を走る高速バス・路線バスのほとんどに3・4日間乗り降り自由のSUNQ（サンキュー）バスがあり、全九州版は3日間用（1万1000円）と4日間用（1万4000円）の2種類、北部九州版は3日間用（9000円）の1種類。長崎をまわるだけなら、熊本・大分県以北がエリアの北部九州版で十分。

🌐 長崎空港・福岡から各エリアへ

2023年8月現在

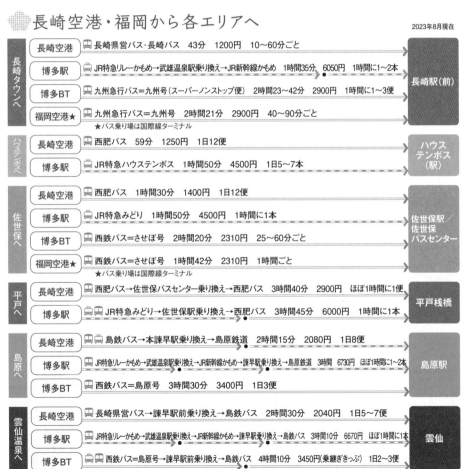

長崎タウンへ

出発	経路	所要時間	料金	便数	到着
長崎空港	🚌 長崎県営バス・長崎バス	43分	1200円	10〜60分ごと	長崎駅（前）
博多駅	🚌 JR特急リレーかもめ→武雄温泉駅乗り換え→JR新幹線かもめ	1時間35分	6050円	1時間に1〜2本	
博多BT	🚌 九州急行バス＝九州号（スーパーノンストップ便）	2時間23〜42分	2900円	1時間に1〜3便	
福岡空港★	🚌 九州急行バス＝九州号	2時間21分	2900円	40〜90分ごと	

★バス乗り場は国際線ターミナル

ハウステンボスへ

長崎空港	🚌 西肥バス	59分	1250円	1日12便	ハウステンボス（駅）
博多駅	🚌 JR特急ハウステンボス	1時間50分	4500円	1日5〜7本	

佐世保へ

長崎空港	🚌 西肥バス	1時間30分	1400円	1日12便	佐世保駅／佐世保バスセンター
博多駅	🚌 JR特急みどり	1時間50分	4500円	1時間に1本	
博多BT	🚌 西鉄バス＝させぼ号	2時間20分	2310円	25〜60分ごと	
福岡空港★	🚌 西鉄バス＝させぼ号	1時間42分	2310円	1時間ごと	

★バス乗り場は国際線ターミナル

平戸へ

長崎空港	🚌 西肥バス→佐世保バスセンター乗り換え→西肥バス	3時間40分	2900円	ほぼ1時間に1便	平戸桟橋
博多駅	🚌 JR特急みどり→佐世保駅乗り換え→西肥バス	3時間45分	6000円	1時間に1本	

島原へ

長崎空港	🚌 島鉄バス→本諫早駅乗り換え→島原鉄道	2時間15分	2080円	1日8便	島原駅
博多駅	🚌 JR特急リレーかもめ→武雄温泉駅乗り換え→JR新幹線かもめ→諫早駅乗り換え→島原鉄道	3時間	6730円	ほぼ1時間に1〜2本	
博多BT	🚌 西鉄バス＝島原号	3時間30分	3400円	1日3便	

雲仙温泉へ

長崎空港	🚌 長崎県営バス→諫早駅前乗り換え→島鉄バス	2時間30分	2040円	1日5〜7便	雲仙
博多駅	🚌 JR特急リレーかもめ→武雄温泉駅乗り換え→JR新幹線かもめ→諫早駅乗り換え→島鉄バス	3時間10分	6670円	ほぼ1時間に1本	
博多BT	🚌 西鉄バス＝島原号→諫早駅前乗り換え→島鉄バス	4時間10分	3450円（乗継ぎきっぷ）	1日2〜3便	

※所要時間は目安で、列車・便により異なります。また、所要時間には一般的な乗り換え時間を含みます。

長崎でのアクセス

長崎市内を走る路面電車や、JR西九州新幹線・長崎本線・大村線、島原鉄道などがある。
バスには路線バスのほか、長崎〜佐世保間などを結ぶ高速バスもあり便利。

長崎タウンから各エリアへ

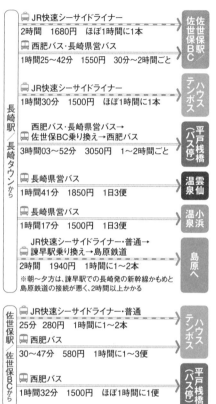

		行き先
🚌 JR快速シーサイドライナー	2時間 1680円 ほぼ1時間に1本	佐世保駅/佐世保BC
🚌 西肥バス・長崎県営バス	1時間25〜42分 1550円 30分〜2時間ごと	
🚌 JR快速シーサイドライナー	1時間30分 1500円 ほぼ1時間に1本	ハウステンボス
🚌 西肥バス・長崎県営バス→佐世保BC乗り換え→西肥バス	3時間03〜52分 3050円 1〜2時間ごと	平戸桟橋（バス停）
🚌 長崎県営バス	1時間41分 1850円 1日3便	雲仙温泉
🚌 長崎県営バス	1時間17分 1500円 1日3便	小浜温泉
🚌 JR快速シーサイドライナー・普通→諫早駅乗り換え→島原鉄道	2時間 1940円 1時間に1〜2本	島原へ

長崎駅/長崎タウンから

※朝〜夕方は、諫早駅での長崎発の新幹線かもめと島原鉄道の接続が悪く、2時間以上かかる

		行き先
🚌 JR快速シーサイドライナー・普通	25分 280円 1時間に1〜2本	ハウステンボス
🚌 西肥バス	30〜47分 580円 1時間に1〜3便	
🚌 西肥バス	1時間32分 1500円 ほぼ1時間に1便	平戸桟橋（バス停）

佐世保駅/佐世保BCから

		行き先
🚌 島鉄バス	48分 850円 1〜2時間に1便	雲仙温泉
🚌 島鉄バス・長崎県営バス	28分 560円 ほぼ1時間に1便	

島原から / 小浜温泉から

※所要時間は目安で、列車・便により異なります。
また、所要時間には一般的な乗り換え時間を含みます。
※BC＝バスセンター

プランニングのヒント

🚃 鉄道で行くなら

市内の移動には路面電車（長崎電気軌道）がベスト。JRは長崎〜諫早〜新大村〜武雄温泉間の西九州新幹線のほか、快速も多く利用しやすい長崎〜諫早〜早岐〜佐世保間を結ぶ長崎本線・大村線・佐世保線と、本数の少ない諫早〜肥前鹿島・江北方面の長崎本線がある。島原・雲仙方面へは諫早から島原鉄道が有明海沿いを走り、平戸方面へは佐世保・有田から松浦鉄道が結んでいる。

🚌 バスで行くなら

長崎〜佐世保間や佐世保〜平戸間のほか、長崎空港からハウステンボスや島原を結ぶ路線など、主要観光エリア間を結ぶ高速バスや特急・急行バスは本数も多く便利だ。長距離バスの長崎市内でのメインの乗り場は、長崎駅前の県営バスターミナル。

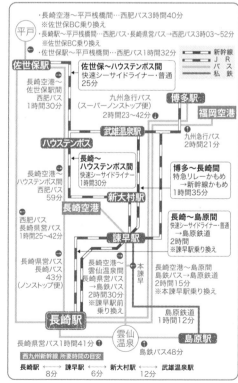

🌸 エリア間ドライブ

区間	ルート / 詳細			目的地
長崎タウンから	ながさき出島道路〜長崎道〜西九州道→佐世保みなとIC			➡ 佐世保駅
	89km	1時間10分	2790円	
	ながさき出島道路〜長崎道→東そのぎIC〜国道205号			➡ ハウステンボス
	65km	1時間10分	1400円	
	ながさき出島道路〜長崎道〜西九州道〜佐々佐世保道路→佐々IC〜県道227号→国道204号〜平戸大橋〜国道383号			➡ 平戸桟橋
	125km	2時間	2790円	
	ながさき出島道路〜長崎道→諫早IC〜国道34号〜国道57号〜県道128号			➡ 雲仙温泉
	56km	1時間10分	700円	
	ながさき出島道路〜長崎道→諫早IC〜国道34号〜国道57号			➡ 小浜温泉
	54km	1時間5分	700円	
	ながさき出島道路〜長崎道→諫早IC〜国道57号〜国道251号			➡ 島原
	64km	1時間25分	700円	
佐世保から	西九州道→佐世保大塔IC〜針尾バイパス〜国道205号			➡ ハウステンボス
	13km	20分	160円	
	県道11号〜佐々佐世保道路→佐々IC〜県道227号〜国道204号〜平戸大橋〜国道383号			➡ 平戸桟橋
	37km	1時間		
島原から	国道251号〜国道57号			➡ 雲仙温泉
	21km	35分		
小浜温泉から	国道57号			
	12km	20分		

☎ 問合せ先

飛行機
●全日空（ANA）☎0570-029-222
●日本航空（JAL）☎0570-025-071
●ソラシド エア（SNA）☎0570-037-283
●スカイマーク（SKY）☎0570-039-283
●スターフライヤー（SFJ）☎0570-07-3200
●アイベックスエアラインズ（IBX）
　☎0570-057-489
●フジドリームエアラインズ（FDA）
　☎0570-55-0489
●ピーチ（APJ）☎0570-001-292
●ジェットスター（JJP）☎0570-550-538

鉄道
●JR西日本（お客様センター）
☎0570-00-2486
●JR九州（案内センター）
☎0570-04-1717
●長崎電気軌道☎095-845-4111
●島原鉄道☎0957-62-2231
●松浦鉄道☎0956-25-2229

高速バス
●近鉄バス☎0570-001631
●西鉄お客様センター☎0570-00-1010
●九州急行バス☎092-734-2500
●長崎高速バス予約センター（九州急行バス・長崎県営バス）☎095-823-6155
●九州産交バス☎096-354-4845
●西肥バス☎0956-25-8900
●島鉄バス☎0957-62-4705

路線バス
●長崎県営バス☎095-826-6221
●長崎バス☎095-826-1112
●西肥バス☎0956-23-2121
●島鉄バス☎0957-62-4705

レンタカー
●トヨタレンタカー☎0800-7000-111
●日産レンタカー☎0120-00-4123
●ニッポンレンタカー☎0800-500-0919

Ⓐ…長崎市内からの料金
Ⓑ…長崎市内からの目安時間

📖 長崎市内中心部の道路には、路面電車が走っているので注意が必要です。

長崎の知っておきたい エトセトラ

旅立つ前に長崎のあれこれを勉強しておきましょう。長崎を舞台にした小説や映画、長崎弁などを知っておくと、旅がぐっと楽しくなりますよ。

長崎のお初もの

鎖国時代に唯一西欧に開かれた長崎には、日本初、日本最古、長崎発祥のモノがたくさんあります。

旧グラバー住宅

最古

文久3年（1863）に建造された、現存する日本で最も古い木造洋風建築。世界遺産にも登録。☞P26

東山手十二番館

最古

明治元年（1868）にロシア領事館として建築。東山手地区で現存する最古の建物。☞P29

大浦天主堂

最古

©2023長崎の教会群情報センター
元治元年（1864）に創建された、日本に現存する最古の木造ゴシック教会。世界遺産に登録されている。☞P28

長崎電気軌道

最古

明治44年（1911）製の日本最古の木造ボギー電車があり、記念日などには運行する。☞P20

長崎造船所小菅修船場跡

最古

通称「ソロバンドック」。現存する西洋式スリップ・ドックとしては日本最古のもの。☞P78

興福寺

最古

中国の隠元禅師が入山し、元和6年（1620）に創建された、日本最古の黄檗宗の唐寺。☞P48

眼鏡橋

最古

寛永11年（1634）、中国の僧・黙子如定が架設したと伝えられる現存最古のアーチ型石橋。☞P44

伊王島灯台

最古

慶応2年（1866）に設置された伊王島灯台は、日本最古の鉄造洋式灯台。MAP付録P3B4

「鉄道発祥の地」碑

発祥

慶応元年（1865）、グラバーが居留地の海岸通りにレールを敷き、蒸気機関車を走らせた。MAP付録P8B2

「国際電信発祥の地」碑

発祥

明治4年（1871）、長崎と上海、ウラジオストク間で初めて国際電信が可能となった。MAP付録P8A3

「近代活版印刷発祥之地」碑

発祥

近代活版印刷の祖・本木昌造が、明治3年（1870）に現長崎市興善町で「新町活版所」を創立。MAP付録P7C2

「わが国ボウリング発祥の地」碑

発祥

文久元年（1861）の長崎の英字新聞に、国際ボウリング場の広告が掲載されている。MAP付録P8A3

長崎ゆかりの人物

安政6年（1859）の開港を機に、外国人貿易商をはじめ多くの偉人たちが長崎を訪れました。

トーマス・ブレイク・グラバー

スコットランド出身の商人。安政6年（1859）に長崎に来て貿易業を営み、日本の近代化に大きく貢献した。
旧グラバー住宅☞P26

シーボルト

ドイツの医師・博物学者。文政6年（1823）に出島オランダ商館医として来日。日本をヨーロッパに紹介。
シーボルト記念館☞P55

坂本龍馬（さかもとりょうま）

元治元年（1864）に初めて長崎を訪れ、その後、長崎を拠点とする亀山社中（後の海援隊）を組織した。
長崎市亀山社中記念館☞P47

上野彦馬（うえのひこま）

幕末から明治にかけて活動した、長崎出身の日本初のプロカメラマン。銀屋通りに上野彦馬生誕地の碑が立つ。MAP付録P6D3

岩崎弥太郎（いわさきやたろう）

三菱財閥の創業者。長崎の土佐商会で坂本龍馬とも交流があったという。銅像は三菱重工長崎造船所史料館に。MAP付録P5A5

読んでおきたい文学作品

歴史ものから現代ものまで、長崎を舞台とした小説は数多く、また長崎出身の作家もたくさんいます。

遠藤周作『沈黙』

キリスト教が弾圧されていた江戸時代に来日した、ポルトガル人司祭の苦悩を描く。
新潮文庫／1966年

村上龍『69』

昭和44年（1969）の佐世保を舞台に、同市出身の作者の高校生時代を描いた自伝的小説。
文春文庫／1987年

なかにし礼『長崎ぶらぶら節』

主人公は実在した丸山遊郭の名芸者。長崎の学者と二人、歌を探す旅に出る。
文春文庫／1999年

吉田修一『悪人』

長崎の漁村に住む青年が罪を犯し、出会い系サイトで知り合った女性と逃亡する。
朝日文庫／2007年

主な長崎弁

街なかできっと耳にする長崎弁。思いきって口に出し、長崎っ子気分を味わってみましょう。

ぱってん …だけど、しかし
うまか〜 …おいしい
よかごた …いいみたい
とっとっと …とっている
すーすーすっ …スースーする
やぐらしか …面倒です
うんにゃ …いいえ
かっちぇて …仲間に入れて
ぬっか …あたたかい
ずんだれ …だらしない

映画のロケ地

とっても絵になる長崎の街並み。映画やドラマのロケも、あちらこちらで行われています。

『精霊流し』

長崎の街で母と叔母の愛に包まれて育った青年の物語。東山手の地球館、史跡料亭花月などが登場する。写真は東山手「地球館」cafe slow☞P31

『解夏』

美しい風景が彩る恋物語。聖福寺や祈念坂、万寿庵、活水女子大学、出津教会などで撮影が行われた。写真は聖福寺☞P55

『7月24日通りのクリスマス』

原作は長崎市出身の吉田修一。オランダ坂や眼鏡橋、長崎港のベンチなどが舞台に。写真は長崎港の巨大アンカー。MAP 付録P7A3

伝統工芸

長崎の工芸品は異国の薫りのする独特なものばかり。自分へ、大切な人へ、おみやげにいかがですか？

べっ甲

外国船から長崎に伝わったとされるべっ甲。細工法は長崎に住む中国人から学んだといわれている。

ビードロ

ビードロとは吹きガラスを意味するポルトガル語。特に長崎では吹くと音がする「ポッペン」を指す。

長崎凧

長崎では凧を「ハタ」とよぶ。1600年代に出島の外国人から伝わり、色や柄はオランダ国旗や中国模様などに由来。

有名な坂道

山に張り付くように家々が立ち並ぶ長崎には、それぞれに特徴のある坂道がたくさんあります。

オランダ坂

活水女子大学下の坂や活水坂、東山手洋風住宅群前の坂など。かつては居留地の坂のすべてを「オランダ坂」といった。☞P29

祈念坂（きねんざか）

南山手レストハウス脇から大浦天主堂横を通る坂。天主堂と長崎港を見下ろす美しい風景が見られる。☞P33

どんどん坂

南山手の洋館が立つ坂道。道の脇に三角溝があり、雨が降るとドンドンと音を立てて水が流れることに由来。MAP 付録P8A4

幣振坂（へいふりざか）

晧台寺と大音寺の間を通る坂道。石を運ぶ人を御幣を振って励ましたことに由来している。MAP 付録P6D3

伝来の言葉

私たちの生活に溶け込んでいるこんな言葉も、もとは長崎を通して伝わった外来語だったんです。

コンペイトウ
ポルトガル語のコンフェイト（confeito）から。カステラとともに伝来。

カステラ
ポルトガル語の「pao de Castelra」（カスティーリャ地方のパン）から。

パン
ポルトガル語の「pao（パオ）」に由来すると考えられている。

天ぷら
キリスト教用語の「templo」（肉を食べない日）など諸説ある。

INDEX さくいん

観光みどころ　寺院　神社　プレイスポット　レストラン・食事処　カフェ・喫茶　居酒屋・BAR

みやげ店・ショップ　宿泊施設　温泉・立ち寄り湯

長崎
ハウステンボス

九州❷

楽しい旅へ
出かけよう♪

2023年10月15日初版印刷
2023年11月1日初版発行

編集人：眞野邦生
発行人：盛崎宏行
発行所：JTBパブリッシング
　　　　〒135-8165
　　　　東京都江東区豊洲5-6-36 豊洲プライムスクエア11階

編集・制作：情報メディア編集部
編集デスク：宮澤珠里
編集スタッフ：藤原翔子
取材・編集：K&Bパブリッシャーズ
ノンブル（河村規子／野口麻由／長野由紀子／橋本亜矢子／竹口進也）／
間貞麿／佐川印刷／小川浩之

アートディレクション：APRIL FOOL Inc.
表紙デザイン：APRIL FOOL Inc.
本文デザイン：APRIL FOOL Inc. ／K&Bパブリッシャーズ／
東画コーポレーション（三沢智広）／ジェイヴイコミュニケーションズ
イラスト：平澤まりこ／ナカムラユキ
撮影・写真：松尾順造／STUDIO MILK／西村光司／
ノーメイク／関係各市町村観光課・観光協会／
長崎の教会群情報センター／PIXTA
地図：ゼンリン／ジェイ・マップ／千秋社
組版・印刷所：佐川印刷

編集内容や、商品の乱丁・落丁の
お問合せはこちら

JTB パブリッシング お問合せ

https://jtbpublishing.co.jp/
contact/service/

本書に掲載した地図は以下を使用しています。
測量法に基づく国土地理院長承認（使用）R5JHs 167-018号
測量法に基づく国土地理院長承認（使用）R5JHs 168-011号

●本書掲載のデータは2023年8月末日現在のものです。発行後に、料金、営業時間、定休日、メニュー等の営業内容が変更になることや、臨時休業等で利用できない場合があります。また、各種データを含めた掲載内容の正確性には万全を期しておりますが、お出かけの際には電話等で事前に確認・予約されることをお勧めいたします。なお、本書に掲載された内容による損害賠償等は、弊社では保障いたしかねますので、予めご了承くださいますようお願いいたします。●本書掲載の商品は一例です。売り切れや変更の場合もありますので、ご了承ください。●本書掲載の料金は消費税込みの料金ですが、変更されることがありますので、ご利用の際はご注意ください。入園料などで特記のないものは大人料金です。●定休日は、年末年始・お盆休み・ゴールデンウィークを省略しています。●本書掲載の利用時間は、特記以外原則として開店（館）～閉店（館）です。オーダーストップや入店（館）時間は通常閉店（館）時刻の30分～1時間前ですのでご注意ください。●本書掲載の交通表記における所要時間はあくまでも目安ですのでご注意ください。●本書掲載の宿泊料

金は、原則としてシングル・ツインは1室あたりの室料です。1泊2食、1泊朝食、素泊に関しては、1室2名で宿泊した場合の1名料金です。料金は消費税、サービス料込みで掲載しています。季節や人数によって変動しますので、お気をつけください。●本誌掲載の温泉の泉質・効能等は、各施設からの回答をもとに原稿を作成しています。

本書の取材・執筆にあたり、
ご協力いただきました関係各位に厚くお礼申し上げます。

おでかけ情報満載　https://rurubu.jp/andmore

233223　280222
ISBN978-4-533-15554-3　C2026
ⒸJTB Publishing 2023
無断転載禁止　Printed in Japan
2311

ココミル

長崎
ハウステンボス

付録 MAP

長崎県広域図
0　5km

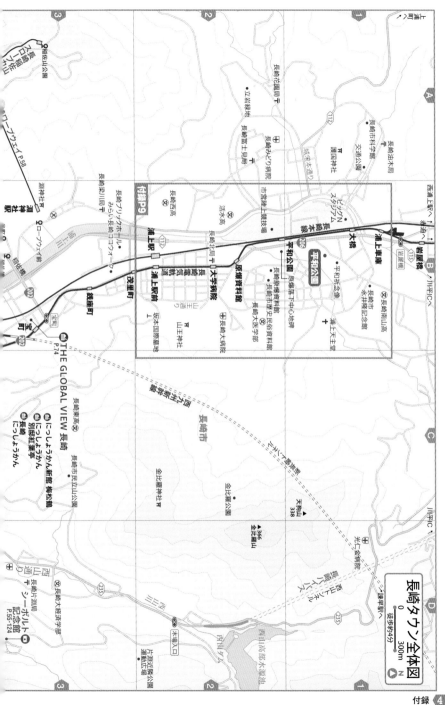

長崎タウン全体図

0 300m
徒歩約4分

N

THE GLOBAL VIEW 長崎 P.74

① にっしょうかん新館 梅松鶴
② にっしょうかん
③ 別館紅葉亭
④ 長崎 にっしょうかん

長崎市民立山公園

金比羅公園

▲338 天狗山

▲366 金比羅山

金比羅神社

西山ダム

片淵近隣公園
運動広場

シーボルト記念館 P.55・124

長崎大経済学部

長崎片淵局

平和公園

原爆落下中心地碑
長崎原爆資料館
長崎歴史民俗資料館
長崎大医学部
浦上天主堂
長崎大医学部
山王神社
坂本国際墓地

大学病院前
原爆資料館
浦上駅前
茂里町
銭座町

浦上駅

長崎プリンスホテル
さいらい長崎ココウォーク

長崎みなとメディカルセンター

長崎西高
活水高
ビッグNスタジアム
長崎県陸上競技場

大橋
岩屋橋

長崎市永井隆記念館

長崎南山高

長崎大天主堂

長崎油木局
長崎科学館
交通公園
護国神社
長崎富士見町
長崎とぎつ病院
立岩緑地
長崎花園局

付録P9

長崎本線

浦神社駅

西浦上駅へ
オランダ坂へ
川平ICへ

長崎市

九州新幹線

西九州新幹線

長崎バイパス

光り会病院

川平ICへ

付録 4

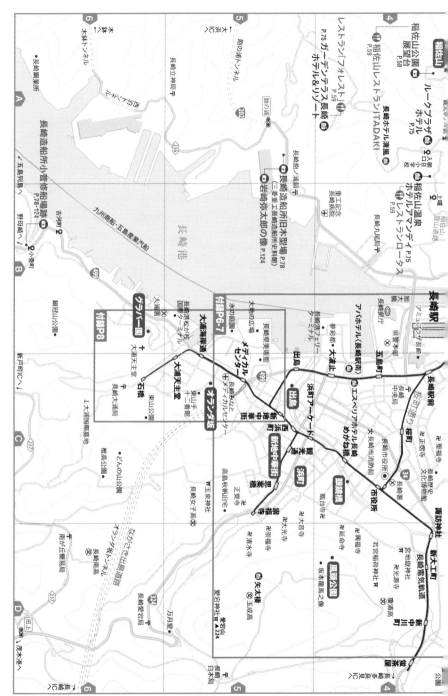

稲佐山

稲佐山公園展望台 P.58

稲佐山公園展望台 P.59

レストランフォレスト P.75
ガーデンテラス長崎
ホテル&リゾート P.75

稲佐山ホテル P.75

稲佐山レストラン ITADAKI

稲佐山温泉
ホテルアマンディ P.75
レストランロータス

稲佐山ロープウェイ
長崎ロープウェイ
淵神社駅

長崎ロープウェイ

大浜IC

浜口
IC

熊の浦トンネル

熊の浦

三菱重工長崎造船所史料館
長崎造船所旧木型場 P.78

岩崎弥太郎の像 P.124

古河町

長崎造船所小菅修船場跡 P.78-124

長崎造船所

五島列島へ

木鉢へ

木鉢トンネル

長崎立神桟橋

野母崎へ

小菅町

九州商船・五島産業汽船

長崎港

長崎駅

アミュプラザ長崎

長崎大橋

長崎県庁
県警本部

五島町

長崎中央局

長崎市役所

長崎市民病院

エスペリアホテル長崎

出島

浜町アーケード

出島

新地中華街

浜町

眼鏡橋

諏訪神社

新大工町

新中川町

長崎電気軌道

坂本龍馬之像

矢太樓

風頭公園

愛宕神社 ▲224

新戸町ICへ

新戸町へ

大浦海岸通

付録P6-7
グラバー園

付録P8

水の広場
大地の広場

長崎港松が枝
国際ターミナル

石橋

大浦天主堂

大浦天主堂

東山手十二番館

メディカルセンター

オランダ坂

メディカルセンター

高島秋帆旧宅

正覚寺

玉園神社

長崎女子高校

椎の山公園

なかさき出島道路
オランダ坂トンネル

大浦国際墓地

田上IC

茂木港へ

諏訪神社 P.55
長崎くんちメイン会場 P.56
桜馬場中
見茶屋 P.68
祓戸神社
桜馬場天満神社
伝八稲荷神社
玉園稲荷神社
長崎公園
諏訪神社前
日銀
馬町
諏訪神社
伊勢町
ジョイフルサン
新大工町
中島小学校前
長崎中川局
サント・ドミンゴ教会跡
資料館 P.85
日銀前
伊勢宮町
新大工町
新中川町
中川
山町
中島天満宮
伊良林小
矢ノ平神社
宮の下公園
宮地嶽神社
玄成寺
矢の平公民館
光源寺
禅林寺
瓊浦高
cafe Bridge P.69
若宮稲荷神社 P.49
光永寺
龍馬通り
公会堂前
ちりんりんアイス P.45
深崇寺
亀山社中資料展示場 P.47
市役所
萬順 めがね橋店 P.49
三宝寺
龍馬の
ぶーつ像
魚の町公園
浄安寺
市民会館
芒原通
長崎麹屋町局
長崎市亀山社中
記念館 P.47・124
眼鏡橋 P.44・124
長崎尾曲がり
猫神社 P.49
興福寺 P.48・124
諏訪小前
寺町通り
延命寺
ブック船長 P.44
一二三亭
岩永梅寿軒 P.45・70
料亭 一力 P.61
長照寺
南蛮茶屋 P.49
ニューヨーク堂 P.68
風頭公園 P.47
長崎カフェ 一花五葉 P.49
皓台寺
上野彦馬生誕地の碑 P.124
坂本龍馬之像
和食 ほりた P.49
創彩酒膳 風と月 P.67
ビストロ ピエ・ド・ポー P.49
幣振坂 P.125
長崎ランタンフェスティバル会場 P.57
風頭山
Bistro ボルドー P.64
大音寺
中の家旗店 P.73
小川凧店（長崎凧資料館）
発心寺
長崎卓袱浜勝 P.61
大光寺
長崎和食 草花洛 P.61
思案橋
雲龍亭 本店 P.64
万月堂 P.71
ツル茶ん P.68
十八銀行百年館
風頭公民館
思案橋
康楽 P.62
雑魚屋 長崎思案橋店 P.66
崇福寺 P.48
風頭山
リッチモンドホテル長崎思案橋 P.75
八坂神社
しあんばし 一二三亭 P.65
矢太樓
中華 満州 P.63
長崎くんち会場 P.56
崇福寺入口
崇福寺
玉成高
長崎検番
清水寺
本通り
正覚寺
324
梅園身代り天満宮
史跡料亭 花月 P.47
長崎医療技術専門学校
高島秋帆旧宅
八幡神社
愛宕神社
泉神社
茂木町へ
愛宕神社前
付録 6

A
B
C

出島へ
旧出島神学校
西浜町
鍋座町

新地中華街
出島の湯 P.75
P.41 Caféわかば堂 長崎出島店
ドーミーイン長崎新地中華街
出島町
長崎税関
1
NTT出島ビル
別館
P.62 会楽園
P.37 中国名菜京華園
499
税関前
P.36 中国貿易公司
長崎バスターミナル
P.40 長崎県美術館 カフェ
ホテル
P.36 福建 新地店
新地橋
大地の広場
P.41 長崎県美術館
出島海岸通り
P.41 三栄製麺
P.57
長崎防衛支局
P.36 長崎友誼商店
新地橋
P.57
長崎港
市民病院前
双葉屋
湊公園
中華菜館
1
P.37 つりがね堂薬局
春夏秋冬 P.37
水辺のプロムナード
メディカル
P.57 長崎ランタン
センター
フェスティバル
P.63 王鶴
水辺の森ワイナリーレストラン
新地町 メイン会場
長崎みなと
オープナーズ
香崎町
梅香崎局
P.40
南光寺
水の庭園
「鉄道発祥の地」碑 天満宮
P.37 幸瓶2号店
長崎水辺の森公園
P.124
長崎みなと
メディカルセンター
ホテルJALシティ
長崎
軍艦島クルージング
活水女子大
(シーマン商会)集合場所
P.76
日本聖公会
オランダ坂 P.29・125
十人町
ホテルニュータンダ
長崎聖三一教会
499
P.29 旧長崎英国領事館
東山手甲十三番館 P.30
住江稲荷神社
2
梅香崎中
P.76 軍艦島コンシェルジュ
紅茶の店 エイトフラッグ
「わが国ボウリング発祥の地」碑
常盤町
東山手
P.124
大浦海岸通
ホテルモントレ長崎
東山手
P.28 長崎市旧香港上海銀行
P.75
十二番館 P.29・124
長崎支店記念館
松が枝橋
てがみ屋
P.73
長崎港松が枝国際ターミナル
松が枝駐車場
ラッセル記念館
第2ビル
P.33 軍艦島デジタル
「国際電信発祥の地」碑 P.124
ミュージアム
海星高
瑠璃庵
四海樓 P.62
昭和会病院
P.72
長崎港
大浦天主堂下
海星修道院
松が枝
国際ターミナル
ナガサキ
長崎堂カステラ本店
東山手町
ピースミュージアム
大浦署
大浦警前
ANAクラウンプラザホテル
東山手洋風住宅群 P.29
長崎グラバーヒル P.75
海星中
長崎海上
南山手町
清風堂
東山手「地球館」cafe slow
保安部
長崎市
(グラバー園通り) P.71
長崎孔子廟 P.32
3
須加五々道美術館
P.33
グラスロード1571
長崎税関
P.33 南山手地区
妙行寺
和泉屋オランダ物産館 P.71
長崎ランタン
長崎税務署
町並み保存センター
日本キリスト教団
フェスティバル会場
カトリック
長崎キリスト教会
P.57
長崎
大浦教会
大正寺
千小曽根局
祈りの丘 絵本美術館
東山町
グラバー園 P.26・124
P.33
石橋
相生町
東山公園
税務署前
自由亭
大浦諏訪神社
499
祈念坂 P.33・125
小曽根町
大浦天主堂 P.28・124
長崎地方気象台
旧羅典神学校 P.28
週照院
Museum Café 南山手八番館 P.33
キリシタン博物館
長崎伝統芸能館
大浦東町
4
元町
大浦展望公園 P.31
長崎大浦局
野母崎へ
長崎市南山手レストハウス
P.31
上田町
日の出町
どんどん坂 P.33・125
大浦児童園
大浦小
南山手・東山手
0   100m
N
東琴平2
徒歩約1.3分

付録 8

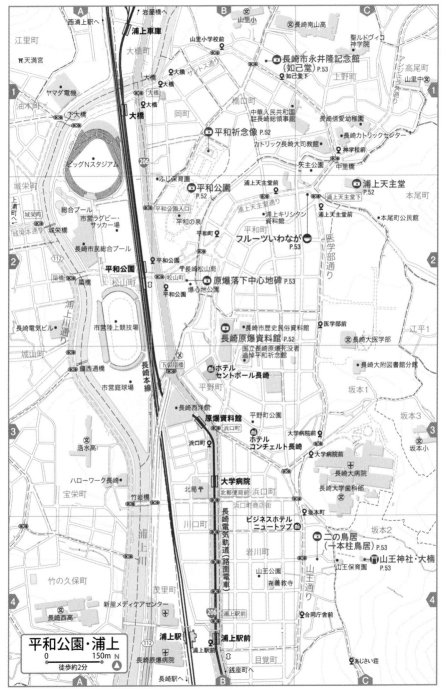

平和公園・浦上
0 ─────── 150m N
徒歩約2分

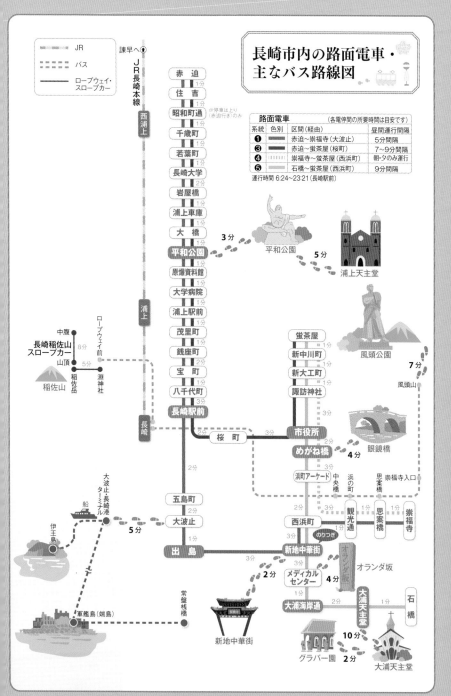

長崎市内の路面電車・主なバス路線図

凡例
- JR
- バス
- ロープウェイ・スロープカー

路面電車 （各電停間の所要時間は目安です）

系統	色別	区間（経由）	昼間運行間隔
❶		赤迫～崇福寺（大波止）	5分間隔
❸		赤迫～蛍茶屋（桜町）	7～9分間隔
❹		崇福寺～蛍茶屋（西浜町）	朝・夕のみ運行
❺		石橋～蛍茶屋（西浜町）	9分間隔

運行時間 6:24～23:21（長崎駅前）

諫早へ↑
JR長崎本線

西浦上

赤迫
1分
住吉
1分
昭和町通　※停車は上り「赤迫行き」のみ
1分
千歳町
1分
若葉町
1分
長崎大学
2分
岩屋橋
1分
浦上車庫
1分
大橋
1分
平和公園
1分
原爆資料館
1分
大学病院
1分
浦上駅前
1分
茂里町
1分
銭座町
2分
宝町
1分
八千代町
1分
長崎駅前

浦上

長崎

3分
平和公園

5分
浦上天主堂

風頭公園

7分
風頭山

ロープウェイ前
中腹
長崎稲佐山
スロープカー
山頂
稲佐岳
稲佐山
8分
5分
淵神社

蛍茶屋
新中川町
新大工町
諏訪神社
3分

市役所
桜町
2分　3分
めがね橋
3分
眼鏡橋
4分

浜町アーケード
中央橋
浜の町
思案橋　崇福寺入口

五島町

大波止
1分
出島

新地中華街
3分

メディカル
センター
1分
大浦海岸通

西浜町
2分　3分
3分
観光通　思案橋　崇福寺
のりつぎ
オランダ坂
オランダ坂
4分
大浦天主堂
2分
石橋
1分

大波止長崎港
ターミナル
船
伊王島
5分

軍艦島（端島）

常盤桟橋

新地中華街

2分

10分
グラバー園　2分　大浦天主堂

相浦中里ICへ
舟越トンネル
西九州自動車道

A

佐世保女子高
P.105 ミサロッソ
正法寺
堀山町
亀山八幡宮

B

佐世保宮田局
田平

C

204

大久保小
佐世保矢岳簡易局
497

佐世保市役所
佐世保合同庁舎
佐世保市役所

法光寺

矢岳公園
法督神社

佐世保警
高砂町

天満町

佐世保北高

相浦中里ICへ
西九州自動車道

佐世保中央
11

海上自衛隊佐世保史料館 P.103
教法寺
医療センター入口佐世保浜田局
佐世保橋
佐世保市消防局
自衛隊
佐世保病院
総合医療センター
スマイルホテル
佐世保

谷町

松浦町

九十九島せんぺい本舗
松浦店
不動院
県立武道館
本尊寺
エレナ

中央公園

海上自衛隊
佐世保地方
総監部

クインテッサホテル佐世保 P.102

アーケード

名切

常盤町

交通公園

松浦鉄道西九州線

北佐世保駅へ

鹿子前へ

P.101 グラモフォン

蜂の家 P.101

市立図書館

祇光院

祇園小

長崎地方検察庁

妙見寺
阿弥陀寺
祇園中

延寿寺

須佐神社

ニミッツパーク
P.103 佐世保玉屋
佐世保公園

島瀬町

長崎地方
裁判所

佐世保共済病院

佐世保中央駅

ムギハン+plus
P.101

中佐世保駅 市体育文化館
体育文化会館前入口

本島町

新公園

ホテルロータスハウス

佐世保育園

サンウエストホテル佐世保 P.102
ビジネスホテルビブロス

佐世保勝富局

看護キャリア支援センター

BigMan
上京町本店 P.100

栄町

セントラルホテル佐世保
P.102

ステーキハウス らんぷ
P.101

497
山県

アーケード入口
佐世保塩浜局

戸尾町市場街

円通寺

戸尾町

Jazz Spot EASEL P.103

佐世保川

384

佐世保五番街

太陽生命佐世保ビル
大智院

アルカスSASEBO

させぼシーサイドパーク
新みなとターミナル
佐世保港
フェリーターミナル

アルカスSASEBO前

カトリック三浦町教会 P.103

佐世保駅

東横INN佐世保駅前
蓮行寺

白南風小
山祇局

P.100 クラージュ

P.94 佐世保観光情報センター

佐世保駅北口

佐世保駅ターミナルホテル

佐世保駅前南口

佐世保バスセンター

佐世保ワシントンホテル
P.102

佐世保
0   150m
徒歩約2分

A

佐世保みなとICへ

日宇駅へ

B

C

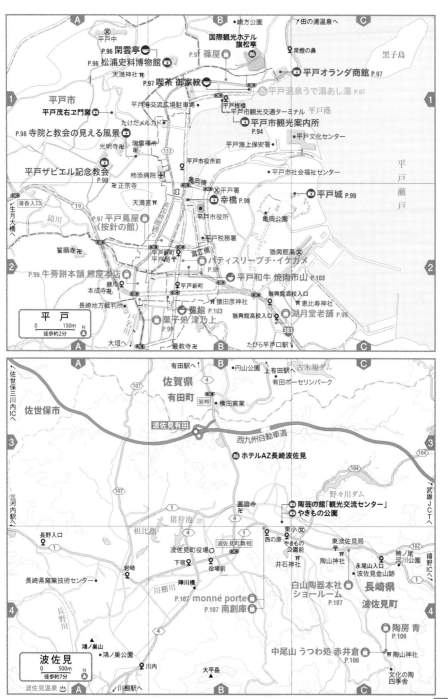

平戸

崎方公園 ・田の浦温泉へ

閑雲亭 P.96
松浦史料博物館 P.96
天満神社

国際観光ホテル旗松亭 P.97
篠屋

常燈の鼻

黒子島

平戸オランダ商館 P.97

喫茶 御家紋 P.97

平戸市

平戸茂右ヱ門窯

平戸温泉うで湯あし湯 P.97

平戸港交流広場駐車場

平戸桟橋
平戸市観光交通ターミナル 平戸港
P.94
平戸市観光案内所
平戸海上保安署

たけだメルカド

平戸文化センター

寺院と教会の見える風景 P.98
光明寺

瑞雲禅寺

平戸市役所前

平戸市社会福祉センター

平戸ザビエル記念教会 P.98
柿添病院
正宗寺
天満宮

平戸城 P.99

亀岡公園

生月大橋へ
薄香入口

鏡川

平戸署
幸橋 P.98

平戸瀬戸

平戸蔦屋（按針の館） P.97

平戸市役所

平戸税務署

平戸新町
平戸局
富江橋

パティスリープチ・イケガメ P.99

猶興館高校

牛蒡餅本舗 熊屋本店 P.99
鏡川
本成寺

長崎地方裁判所

平戸和牛 焼肉市山 P.103

平戸新町

猿田彦神社

豊鮨 P.103
菓子処/津乃上 P.99

恵比寿神社

湖月堂老舗 P.99

大垣へ

宣教寺

猶興館高校入口
猶興館高校入口

たびら平戸口駅へ

平戸
0　　150m
徒歩約2分

波佐見

有田駅へ

佐世保三川内ICへ

佐賀県
有田町

円山公園　上有田駅へ　古木場ダム

有田ポーセリンパーク

岩崎　横田窯業

波佐見有田

佐世保市

西九州自動車道

武雄JCTへ

三河内駅へ

ホテルAZ長崎波佐見

野々川ダム

圓證寺

陶芸の館「観光交流センター」
やきもの公園

猪狩池
根比池

長野入口

西の原
やきもの公園前
陶山神社
井石神社

東小
やきもの公園前

東波佐見局

稗ノ尾河川公園

嬉野ICへ

長崎県窯業技術センター

岩崎

波佐見町役場
下宿
役場前

波佐見舞相

永尾山入口
波佐見金山跡

白山陶器本社ショールーム P.107

長崎県
波佐見町

川棚川
陶房青 P.106

陣川橋

monné porte P.107

南創庫 P.107

鴻ノ巣山

鴻ノ巣公園

川内

大平岳

中尾山 うつわ処 赤井倉 P.106

陶山神社

文化の陶
四季舎

波佐見
0　　500m
徒歩約7分

波佐見温泉

川棚駅へ

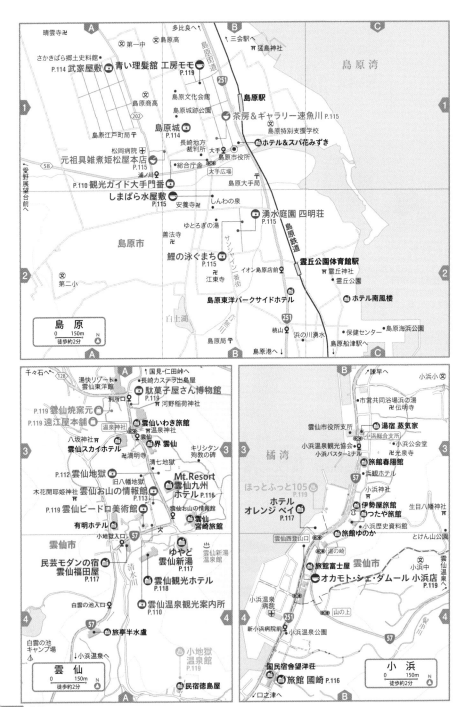

島原

晴雲寺卍
さかきばら郷土史料館
P.114 武家屋敷　青い理髪館　工房モモ P.119
×第一中
島原高
多比良へ↑
三会駅へ→
卍猛島神社
島原街道
島原湾

×島原商高
×島原商高
島原文化会館
島原駅
島原城跡公園
茶房＆ギャラリー速魚川 P.115
島原特別支援学校
島原城
P.114
島原江戸町局
松岡病院
元祖具雑煮姫松屋本店
P.115
長崎地方裁判所
大手
島原市役所
ホテル＆スパ花みずき
浦川
総合庁舎
島原大手局
大手広場
しんわの泉
P.110 観光ガイド大手門番
しまばら水屋敷
P.115
安養寺卍
ゆとろぎの湯
湧水庭園 四明荘
P.115
善法寺卍
サンシャイン一番街
島原鉄道

島原市

鯉の泳ぐまち
P.115
江東寺卍
イオン島原店前
雲丘公園体育館駅
雲丘神社
雲丘公園

×第二小
島原東洋パークサイドホテル
ホテル南風楼

白土湖
三撫池

桃山
浜の川湧水
保健センター
島原海浜公園
島原船津港へ→

島原
0　　150m
徒歩約2分

島原局
島原港へ↓

雲仙

千々石へ←
128
国見・仁田峠へ↑
湯快リゾート
雲仙東洋館
長崎カステラ出島屋
別所口
P.119 雲仙焼窯元
P.119 遠江屋本舗
駄菓子屋さん博物館
P.119
河野稲荷神社
温泉神社
雲仙いわき旅館
温泉神社
八坂神社
雲仙スカイホテル
界 雲仙
キリシタン殉教の碑
卍満明寺
清七地獄
Mt.Resort
雲仙九州ホテル P.116

P.112 雲仙地獄
木花開耶姫神社
旧八幡地獄
雲仙お山の情報館 P.113
P.119 雲仙ビードロ美術館
雲仙お山の情報館
有明ホテル
雲仙宮崎旅館

雲仙市

小地獄入口 57
民芸モダンの宿
雲仙福田屋 P.117
清水川
ゆやど
雲仙新湯 P.117
雲仙新湯温泉館
雲仙観光ホテル
P.118
白雲の池入口
雲仙温泉観光案内所
P.110

57
旅亭半水盧
白雲の池キャンプ場
↓小浜温泉へ
小地獄温泉館
P.119
民芸徳島屋

雲仙
0　　150m
徒歩約2分

小浜

小浜小
諫早へ→
小浜総合支所
市営共同浴場浜の湯
卍伝明寺
雲仙市役所支所
湯宿 蒸気家
小浜公会堂
卍光泉寺
橘湾
小浜温泉観光協会
小浜バスターミナル
旅館春陽館
57
浜観ホテル
ほっとふっと105 P.119
伊勢屋旅館
小浜温泉
つたや旅館
ホテルオレンジベイ
P.117
生目八幡神社
小浜歴史資料館
雲仙西登山口
旅館ゆのか
湯の崎
とけん山公園

雲仙市

旅館富士屋
オカモト・シェ・ダムール 小浜店 P.119
小浜中

小浜温泉病院
小浜温泉公園
山の上
新小浜病院前
小浜温泉公園
57
国民宿舎望洋荘
旅館 國崎 P.116
口之津へ↓

小浜
0　　150m
徒歩約2分

掲載の商品は
ココで
買えます

✈ **長崎空港** MAP 付録P3C3
☎0957-52-5551 ⏰7時15分〜20時30分(店舗により異なる) 休 無休

🚌 **長崎街道かもめ市場** MAP 付録P7A1
☎095-808-2001 ⏰8時30分〜20時 休 無休

🏪 長崎空港ビルディング ✈
てづくりきゃらめるじゃがめる
手作りキャラメルじゃがメル
10粒入り 514円
はじめはキャラメル、余韻はジャガイ
モという、新・ジャガイモスイーツ!

🏪 岩崎本舗 ✈🚌
いわさきほんぽ
長崎角煮まんじゅう
1個 486円
とろけるような豚の角煮をふわっとし
た生地に挟み込んだ逸品

🏪 I LOVE CUSTARD NEUF NEUF ✈
ぶりゅれかすたーど
ブリュレカスタード
1ホール 1782円
なめらかカスタードクリームをふわ
ふわのスフレで閉じ込めた

🏪 長崎ぶたまん桃太呂 ✈🚌
ながさきぶたまん
長崎ぶたまん
化粧箱10個入り✈**1200円**🚌**1010円**
皮から手作りする、厳選具材入りの
一口サイズのぶたまん

🏪 かまぼこ長崎一番長崎蒲鉾 ✈🚌
かまぼこながさきいちばんながさきかまぼこ
長崎ハトシロール
1箱 (プレーン2袋・チーズ1袋)
✈**2370円** 🚌**1980円**
タマネギ、合びき肉等を混ぜたアジの
すり身をパンで巻いて揚げた長崎料理

🏪 雲仙きのこ本舗 ✈
ようようめん
養々麺
1袋 475円
お湯を注ぎ3分で完成!キノコ具材
入りの島原手延べそうめん

🏪 白十字パーラーぽると総本舗 ✈🚌
はくじゅうじぱーらーぽるとそうほんぽ
まごコロぽると
12個入り 1200円
佐世保を代表する南蛮名菓「ぽると」
がミニサイズになって登場

🏪 髙野屋 ✈🚌
からすみかたはら
からすみ片腹
✈**24g 1620円〜** 🚌**20g 1080円〜**
お手軽なサイズで自宅用のおみやげ
にも◎。無添加天然ものの珍味

🏪 長崎お土産 すみや 🚌
ながさきらすく
長崎ラスク
15枚入り1188円
カステラのうま味を生かしたラスク。
軽くて日持ちもして人気

2023年11月にはアミュプラザ新館が開業し、既存のアミュプラザ本館と合わせて、これまで以上にお買い物が楽しめます。 **付録 14**

バラエティ豊かな長崎みやげ
空港＆駅にもたくさんあります

長崎名物はもちろん、スイーツや麺類、角煮まんじゅう、珍味など、
買って、もらってうれしいおみやげが勢揃い。買い忘れはありませんか？

茂木一◯香本家
もぎいちまるこうほんけ
✈🚃
もぎびわぜりー
茂木ビワゼリー
✈1個 378円 🚃3個 1134円

長崎県産茂木びわを使用。果実内
部の渋皮を取り除いたこだわりの味

ボンパティ
ぼんぱてぃ
✈
ながさきめいか しあわせくるす
長崎銘菓 しあわせクルス
12枚入り 810円

県産さちのか苺を使ったサクッと軽
やかな生地が特徴

和泉屋
いずみや
🚃
とくせんごさんやき かすてら はくらいのたくみ はちみつ
特撰五三焼 カステラ「舶来の匠」蜂蜜
桐箱入り1.0号5切 1800円

和泉屋のカステラ専用卵を使用して
しっとり、ふんわりと焼き上げた

梅月堂
ばいげつどう
✈🚃
なんばんおるごおる
南蛮おるごおる
20本入り ✈1600円 🚃1601円

「シガレット」というヨーロッパに古く
から伝わるお菓子。写真は30本入り
2300円

菓秀苑 森長
かしゅうえん もりちょう
✈🚃
はんじゅくなまかすてら（ぷれーん）
半熟生カステラ（プレーン）
1ホール15㎝ 1404円

中はとろ〜り、外はしっとり。コラー
ゲン配合の新カステラ

千寿庵 長崎屋
せんじゅあん ながさきや
✈🚃
ながさきおまがりにゃすてら
長崎オマガリにゃすてら
1個 250円

尾曲がり猫の絵が入った老舗のカス
テラ。1切れずつ個包装

珍陀亭
ちんだてい
✈🚃
ながさきすーぷかれー
長崎スープカレー
1080円

長崎のブランド鶏を使用。ちゃんぽ
んスープが隠し味

みろくや
✈🚃
さらうどんちょこれーと
皿うどんチョコレート
6個入り 648円

皿うどんの細麺をチョコでコーティ
ングした新食感の菓子

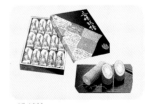

菓舗 唐草
かほ からくさ
✈🚃
ながさきものがたり
長崎物語
1箱（15個入り）2160円

まろやかなクリームたっぷり！やさし
い味わいのバームクーヘン

x